한국어 화자를 위한
초급 러시아어

한국어 화자를 위한
초급 러시아어

초판 1쇄 발행 2015년 9월 15일
초판 6쇄 발행 2024년 9월 10일

지은이 송은지 · 정하경

펴낸곳 서울대학교출판문화원
주소 08826 서울 관악구 관악로 1
도서주문 02-889-4424, 02-880-7995
홈페이지 www.snupress.com
페이스북 @snupress1947
인스타그램 @snupress
이메일 snubook@snu.ac.kr
출판등록 제15-3호

ISBN 978-89-521-1685-7 93790

한국어 화자를 위한

초급 러시아어

송은지 · 정하경 지음

서울대학교출판문화원

머리말

『한국어 화자를 위한 초급 러시아어』는 제2외국어 중 가장 어렵고 생소한 언어로 알려진 러시아어를 처음 배우는 학생들을 위한 러시아어 입문서로서, 저자들의 오랜 준비 과정과 상황적 결단의 산물이다. 국내에서 그 역사가 가장 짧은 러시아어 교육은 러시아나 미국, 유럽에서 출간된 교재를 사용하여 시작되었고, 우리말로 된 초급 러시아어 교재는 한러 수교의 역사적 전환기인 1990년대 이후에야 양과 질에서 괄목할 만한 발전이 이루어졌다. 그러나 급변하는 러시아의 사회·문화적 맥락을 고려한 교재는 여전히 많지 않은 실정이다. 더욱이 문법 위주의 외국어 교육이 아니라 의사소통적 접근을 활용한 교재를 집필하는 것은 결코 쉽지 않다. 외국어 교육의 궁극적 목표는 학생들이 배운 만큼 읽고 쓰고, 말하고 이해하도록 하는 것이다. 이를 위해 러시아어 문법을 체계적으로 소개하는 것도 필요하지만 이에 못지않게 문장을 쉽게 만들고 생각을 간단명료하게 표현할 수 있게 하는 것이 중요하다.

이 교재는 한 학기 과정(주당 약 3시간, 15-16주 기준)에 해당하는 초급 전반부로서, 제한된 어휘와 문법 지식으로 다양한 문장 구성은 힘들다 하더라도 러시아어의 소리와 단어, 문장의 토대를 구성하는 핵심적 요소를 소개하는 기초공사라 할 만하다. 따라서 러시아어를 배우려는 학생들에겐 이후의 러시아어 학습에 방향키 역할을 한다고 할 수 있다. 러시아어를 교양 외국어로 배우려는 많은 학생들이 기본 문법을 정복하기도 전에 포기하는 경향이 있다는 사실은 첫 교재의 중요성을 확인시켜 준다.

러시아어는 우리에게 친숙한 라틴(로만) 자모를 사용하는 프랑스어, 독일어, 스페인어와 달리 독특한 모양의 키릴 자모를 사용한다. 신기한 모양의 이 자모는 러시아어의 첫인상이자 독특한 개성과 매력으로 받아들여지기도 하지만 동시에 러시아어 학습자들이 넘어야 할 첫 번째 거대한 장벽이기도 하다. 저자들은 주변에서 러시아어를 배우다 포기한 사람들을 많이 만날 수 있었다. 이들은 한결같이 러시아어 문법이 복잡하고 어려우며 단어를 외우기가 힘들어 중간에 포기했다고 한다. 한국어에 없는 성, 수, 격, 동사활용, 동사의 상 등이 발달한 러시아어는 인도유럽어의 한 지류에 속하고 그 원형을 많이 간직하고 있지만 우리에게 친숙한 영어를 비롯한 서유럽 언어들과는 상당히 이질적인 언어로 느껴진다. 무엇보다 러시아어 학습자들은 러시아어 단어는 왜 이토록 외우기 힘든지 그 어려움을 호소하곤 한다. 결국 러시아어는 자모부터 어휘, 문법에 이르기까지 어느 것 하나 쉽게 넘어가는 부분이 없는, 학습자에게 결코 쉽지 않은 낯선 외국어로, 그 개성과 매력, 희소가치만큼이나 진입장벽이 높다는 점에 어느 누구도 이의를 제기할 수 없을 것이다.

과거 냉전시대와 달리 이제 러시아는 우리의 가까운 이웃으로 다가와 있다. 지정학적으로도 무시할 수 없는 주변국으로서의 역학관계 속에서 러시아는 학술, 과학뿐 아니라 정치, 경제, 사회, 문화 등 다방면에서 전략적으로 활용해야 할 대상이 되었다. 더욱이 한국을 방문하는 러시아인이 늘어남에 따라 이제 우리 주변 도처에서 러시아인들을 드물지 않게 만날 수 있다. 이와 같은 이유로 이제 러시아어는 개인의 취향에 따른 선택 외국어를 넘어선 위상을 갖게 되었다.

러시아어가 학습자에게 더 철저한 동기부여가 필요한 외국어란 점은 러시아어를 가르치는 입장에서도 교재와 교수법 개발에 더 많은 연구와 노력이 필요함을 함의한다. 이전의 초급 러시아어 교재들과 비교해 볼 때, 『한국어 화자를 위한 초급 러시아어』는 러시아어를 배울 때 한국어를 사용하는 화자가 저지르기 쉬운 실수나 오해, 한국어와 러시아어의 구조적 차이를 염두에 두고 저술하였다. 또한 한국어의 문화적 맥락과 다른 러시아의 문화적 맥락을 인지하도록 러시아적 맥락 안에서 러시아어를 가르치는 것에 주안점을 두었다. 의사소통적 접근을 염두에 두어 활용 가능하고 실생활에 근접한 주제와 내용을 중심으로 본문을 구성하고, 문법 역시 초급 러시아어에 맞게 단계적이고 체계적으로 소개하려고 노력하였다.

각 과는 자연스럽고 쉬운 러시아어 대화 본문을 중심으로 문법, 읽기(독해), 문화 소개를 핵심으로 하고, 문형정리와 연습문제를 통해 복습하고 정리하는 공간을 마련하였으며, 각 과의 말미에는 주요 어휘 목록을 첨부하였다. 특히 대화 본문은 회화체 위주로, 읽기 텍스트는 대화 본문의 내용을 문어체로 풀어 씀으로써 문체에 대한 감각을 익히도록 하였다. 단, 연습문제는 서울대학교 교양 러시아어의 수업시간에 맞게 분량을 한정했기에 다소 부족한 감이 있는데, 이 교재를 사용하는 교수자는 나름대로 각자가 처한 교육현실에 맞게 연습문제를 보완해야 할 것이다.

이 교재는 2005-2006년도 서울대학교 기초교육원 대학특성화지원 연구사업비의 지원으로 시작되어 교재 준비와 집필에 꽤 긴 시간이 소요되었다. 출판되기 전에 오랫동안 수업 교재로 활용하여 교수자, 학습자의 반응과 제안을 반영하기 위함이었다. 이 교재가 만들어지고 출판되는 데 조언과 도움을 주신 분들이 많다. 교재의 러시아어 자료를 감수해 주신 카리나 데포냔, 옐레나 김, 라이사 쿨코바, 바딤 슬렙첸코 선생님께 깊이 감사드린다. 또한 이 교재의 초안을 수업시간에 사용하면서 교육 현장으로부터 실질적 제안을 해 주신 김윤영, 박선영, 심지은, 이수현, 최문정 선생님께 감사드린다. 그 밖에 교재 집필의 시작을 함께했던 유승만 박사, 교재 집필에 조언을 아끼지 않으신 서울대학교 노어노문학과 교수님들께도 감사의 말씀을 전한다. 또한 수업조교였던 김문수 군과 동영은 양의 도움이 컸다. 특히 표지 사진을 비롯한 러시아 사진들은 김문수 군이 촬영한 것으로 교재에 생동감을 불어넣는 데 도움을 주었다. 이 책의 편집에는 예상했던 것보다 더 많은, 한 학기 이상의 시간이 소요되었는데, 이 과정에서 저자들의 까다로운 수정 요구사항을 인내심 있게 편집에 잘 반영해 준 서울대학교출판문화원에 감사의 마음을 전한다. 이상 여러 분들의 조언과 노고에도 불구하고 마지막까지 찾아내지 못한 오타와 오류가 있다면 그에 대한 책임은 전적으로 저자들에게 있음을 밝힌다.

이 책의 출판을 계기로 더 다양한 러시아어 학습자들, 교수자들과 소통하게 되기를 바라고 이 교재가 러시아어를 처음 접하는 학생들에게 실용적이고 체계적인 길잡이가 될 수 있기를 희망한다. 마지막으로 『한국어 화자를 위한 초급 러시아어』의 초판이 저자들의 향후 더 높은 완성도를 가진 교재 작성의 첫걸음이자, 국내 다른 교수자들의 러시아어 교재 집필을 위한 동력으로서 역할을 다할 수 있기를 기대한다.

2015년 7월

송은지, 정하경

차례

УРО́К 3 ВОТ НАШ ДОМ! ВОТ НА́ША КВАРТИ́РА!

УРО́К 4 ДАВА́ЙТЕ ПОЗНАКО́МИМСЯ!

예비과

러시아어 알파벳 읽기 및
필기체 쓰기 연습

러시아어 알파벳

РУ́ССКИЙ АЛФАВИ́Т

글자	영어 상응철자	영어 상응소리	철자 이름	글자	영어 상응철자	영어 상응소리	철자 이름
А	a	father	아	**Р**	r	read	에르
Б	b	bad	베 (입술+입술)	**С**	s	sad	에스
В	v	very	베 (아랫입술+윗니)	**Т**	t	star	떼
Г	g	gun	게	**У**	u	boom	우
Д	d	door	데	**Ф**	f	far	에프 (아랫입술+윗니)
Е	e, ye	yet	예	**Х**	kh	loch	하
Ё	yo	york	요	**Ц**	ts	cats	쩨
Ж	zh	measure	줴	**Ч**	ch	child	쵀
З	z	zoo	제	**Ш**	sh	shine	샤
И	i	eel	이	**Щ**	shch	fresh cheese	슈챠
Й	y	boy	이(짧은)	**Ъ**			
К	k	ski	까	**Ы**	i	hill	의 (단일모음)
Л	l	lock	엘	**Ь**			
М	m	man	엠	**Э**	e	set	에
Н	n	noise	엔	**Ю**	yu	university	유
О	o	or	오	**Я**	ya	yard	야
П	p	spin	뻬				

1 자모와 소리

러시아어의 자모는 모두 33개입니다.

а б в г д е ё ж з и й к л м н о п р с т у ф х ц ч ш щ ъ ы ь э ю я

한국어 문자를 한글, 영어 문자를 라틴 문자라고 부르듯이 러시아어 문자는 키릴 문자라고 부릅니다. 자음과 모음을 나타내는 글자를 구분해 봅시다.

а ***б в г д*** е ё ***ж з*** и ***й к л м н*** о ***п р с т*** у ***ф х ц ч ш щ*** ъ ы ь э ю я
а б в г д ***е ё*** ж з ***и*** й к л м н ***о*** п р с т ***у*** ф х ц ч ш щ ъ ***ы*** ь ***э ю я***

또, 음가를 가지지 않는 글자는 무엇인가요?

а б в г д е ё ж з и й к л м н о п р с т у ф х ц ч ш щ ***ъ*** ы ***ь*** э ю я

(1) **А**, **О**, **К**, **М**, **Т**는 라틴 문자 a, o, k, m, t와 동일하게 생겼으며 유사한 소리를 가지고 있습니다.

А а	**А́**нна	영어의 [a]	**A**nna
О о	Ант**о́**н	영어의 [o]	**o**pera
К к	**к**то	영어의 [k]	s**k**it
М м	**м**ать	영어의 [m]	**m**other
Т т	сове́**т**	영어의 [t]	s**t**reet

(2) **В**, **Е**, **Н**, **У**, **Р**, **С**, **Х**는 라틴 문자와 비슷하게 생겼으나 다른 소리를 가지고 있습니다.

В в	**В**е́ра	영어의 [v]	**V**ietnam

Е е	привéт	영어의 [je]	yes
Н н	нет	영어의 [n]	neat
У у	зовýт	영어의 [u]	boot
Р р	Россúя	한국어의 '드르륵'의 'ㄹ'처럼 떨리는 소리	
С с	Сеýл	영어의 [s]	sound
Х х	хорошó	독일어의 [ch]	Bach

(3) **П**, **И**, **Я**, **З**, **Б**, **Э**, **Ю**, **Ё**, **Г**, **Д**, **Й**, **Л**, **Ч**, **Ш**, **Ф**는 라틴 문자에 없지만 소리는 귀에 익습니다.

П п	привéт	영어의 [p]	spin
		한국어의 'ㅃ'	뽀뽀
И и	привéт	영어의 [i]	feet
Я я	тебя́	한국어의 '야'	이야기, yard
З з	зéбра	영어의 [z]	zoo
Б б	тебя́	영어의 [b]	body
Э э	э́то	영어의 [e]	bet
Ю ю	Ю́ра	한국어의 '유'	유리, university
Ё ё	её	한국어의 '요'	요령, yolk
Г г	год	영어의 [g]	game
Д д	дом	영어의 [d]	day
Й й	Чайкóвский	영어의 [j]	boy, hey, guy
Л л	Лéна	영어의 [l]	lead
Ч ч	óчень	영어의 [č]	cheap
Ш ш	хорошó	영어의 [š]	shock
Ф ф	Финля́ндия	영어의 [f]	find

(4) **Ж**, **Щ**, **Ц**, **Ы** 이 문자들은 라틴 문자에 없고 소리도 익숙하지 않습니다.

Ж ж	женá	영어의 [ž]	pleasure
Щ щ	борщ	영어의 [šč]	fresh cheese

Ц ц	пи́**цц**а	영어의 [ts]	ca**ts**
Ы ы	в**ы**	한국어의 '의'와 비슷하지만 단일모음	의사, h**i**ll

(5) **Ъ/Ь** 이 두 글자는 음가를 가지지 않는 기호이며 앞 자음의 발음을 지시하는 역할을 합니다.

- **경음부호 Ъ ъ**: 선행자음을 경자음으로 발음하도록 지시하는 기능을 가집니다. 뒤 모음과 앞 자음을 분리하여 발음하세요. 예: под**ъ**е́хать
- **연음부호 Ь ь**: 선행자음을 연자음으로 발음하도록 지시하는 기능을 가집니다. 예: о́чен**ь**

✎ 경자음과 연자음을 변별하는 방법과 발음상의 차이는 '모음과 자음의 발음규칙'을 참조하세요.

Упражне́ние 1 다음 단어들을 읽어 보세요.

Аме́рика	Норве́гия	тра́ктор
метр	ро́за	ю́мор
Юпи́тер	Япо́ния	ма́ния
контра́кт	Герма́ния	Росси́я
ветера́н	кенгуру́	Бо́стон
ка́мера	моме́нт	теа́тр

Упражне́ние 2 다음 동물들의 이름을 맞춰 보세요.

зе́бра
крокоди́л
флами́нго
кенгуру́
жира́ф
лев
пелика́н
па́нда
дельфи́н

Упражне́ние 3 다음은 스포츠 이름입니다. 맞춰 보세요!

альпини́зм	бокс	волейбо́л
бейсбо́л	гольф	пинг-по́нг
гимна́стика	те́ннис	хокке́й
ре́гби	ша́хматы	сёрфинг
бадминто́н	футбо́л	баскетбо́л

Упражне́ние 4 다음 그림을 나타내는 단어를 각각 찾아봅시다.

телеви́зор	бана́н	гита́ра	помидо́р
вино́	дива́н	гольф	ра́дио
бейсбо́л	лимо́н	телефо́н	те́ннис
ла́мпа	волейбо́л	пиани́но	компью́тер

Упражне́ние 5 여러분이 러시아인 친구 집에 초대를 받아 다른 러시아인 친구들을 소개 받는다고 생각해 봅시다. 다음 러시아어 이름을 발음해 보세요.

А: Как тебя́ зову́т?

Б : Меня́ зову́т _______________.

남자 이름		여자 이름	
Са́ша	Ми́ша	Са́ша	Ма́ша
Бо́ря	Ди́ма	Ва́ля	Зи́на
То́ля	Ге́на	А́ля	Ле́на
Лёша	Ко́ля	Ве́ра	И́ра
Воло́дя	Пе́тя	Зо́я	Ка́тя
Сла́ва	Ю́ра	Же́ня	Лю́ба
Ви́тя	Оле́г	Га́ля	О́ля

Упражне́ние 6 다음 단어가 러시아의 어느 도시인지 지도에서 찾아보세요. 또, 러시아를 여행한다고 할 때 어떤 여정으로 여행할지 계획을 세워 보세요.

Екатеринбу́рг
Санкт-Петербу́рг
Во́логда
Петрозаво́дск
Москва́
Арха́нгельск
Яросла́вль
Но́вгород
Пермь
Орёл
Новосиби́рск
Владивосто́к

Упражне́ние 7 다음 국가나 도시가 어디에 있는지 세계지도에서 찾아보세요.

Афганиста́н
Австра́лия
Бангко́к
Бейру́т
Берли́н
Бо́стон
Вашингто́н
Владивосто́к
Голла́ндия
Ки́ев
Копенга́ген
Коре́я
Лос-А́нжелес
Монреа́ль
Москва́
Найро́би
Нью-Йо́рк
Оса́ка / О́сака
Пари́ж
Пеки́н
Росто́в

Санкт-Петербу́рг	Сеу́л	Тель-Ави́в
То́кио	Торо́нто	Украи́на
Фра́нция	Шанха́й	Ванку́вер

Упражне́ние 8 다음 단어들의 뜻을 알아보고 영어에 비슷한 단어가 있는지 찾아보세요.

май	мото́р	элеме́нт
метр	термо́метр	э́кспорт
жира́ф	журна́л	Чайко́вский
президе́нт	ви́за	му́зыка
Толсто́й	объе́кт	матема́тика
А́рктика	ра́дио	па́спорт
А́фрика	тон	дра́ма
о́пера	мета́лл	парк
лими́т	телегра́мма	килогра́мм
фо́кус	Ита́лия	а́вгуст
Во́лга	суп	а́рмия
рестора́н	филосо́фия	конгре́сс
сена́т	аспири́н	профе́ссор
календа́рь	автомоби́ль	жасми́н
чемпио́н	вариа́нт	витами́н
вампи́р	автобиогра́фия	экспериме́нт
студе́нт	университе́т	мину́та
офице́р	медици́на	меха́ника
цеме́нт	теа́тр	интерне́т
бале́т	фи́льм	телеви́зор
бана́н	телефо́н	компью́тер

2 모음과 자음의 발음규칙

1) 모음의 발음

러시아어는 각 단어가 하나의 주요 강세를 지니는데 이 강세에 따라 모음의 발음이 달라집니다. 러시아어에서는 철자가 같더라도 강세가 다르면 서로 다른 단어라는 점을 기억하세요.

мýка 고통	vs.	мукá 밀가루
зáмок 성채	vs.	замóк 자물쇠

(1) 모음철자 o와 a

강세하에서는 제 음가대로 발음됩니다.

/o/: **Ó**льга   Эст**ó**ния   перестр**ó**йка

/a/: шт**а**т   **Á**нглия   ног**á**

비강세일 경우 이 두 모음은 다음과 같이 약화됩니다.

- 강세 직전이나 단어의 첫소리: [ʌ]
- 나머지 비강세 위치(강세 직전이나 어두가 아닌 비강세 음절): [ə]

Р**о**ссúя, М**о**сквá, глáсн**о**сть, Г**о**рб**а**чёв, юбк**а**, м**а**шúн**а**,
Андрóп**о**в, х**о**р**о**шó, м**о**л**о**кó, н**о**с**о**рóг, **о**сёл, **а**мерикáнцы

✎ наоборóт[nəʌbarót]와 같이 접두사와 어근 사이의 형태소 경계에서는 위의 규칙이 지켜지지 않을 수도 있습니다.

(2) 모음철자 я와 е

강세하에서는 제 음가대로 발음됩니다.

я, я́блоко, профе́ссор, кларне́т

비강세일 경우 모두 [i]로 발음됩니다.

язы́к, мясно́й, респу́блика, литерату́ра, Черне́нко, Бре́жнев

> ✎ 단, 문법어미인 경우에는 다르게 발음됩니다: [ə]
> исто́рия, Фра́нция, биоло́гия, Испа́ния, тётя, дя́дя

Упражне́ние 9 다음 단어를 발음해 보세요.

политоло́гия, шокола́д, профе́ссор, хорошо́, го́лос, голоса́(복수), ма́ма, па́па, А́нна, америка́нцы, мото́р, програ́мма, рома́н

(3) 모음철자 и, ы, у, ю

강세와 상관없이 발음이 달라지지 않습니다. 모음 ы는 단어의 첫머리에 올 수 없다는 점과, й는 и와 비슷하게 보이고 발음도 닮았지만 자음에 속한다는 점에 유의하세요.

2) 자음의 발음

경자음과 연자음 발음을 정확하게 하는 것은 영어권 사람들보다 한국인들에게 더 쉬운 일입니다. 우리는 해돋이를 [해도지]로 발음하면서 구개음화를 일상적으로 실현하고 있기 때문이지요. 연자음 발음은 경자음과 비교하여 혀가 마치 [이]를 발음하는 것처럼 앞쪽과 위쪽으로 당겨집니다.

자음글자 뒤에 연자음표지인 연음부호(мя́гкий знак) ь가 붙으면 그 자음은 연자음으로 발음됩니다.

гла́сность, Тайва́нь, фильм, О́льга

바로 뒤에 오는 모음글자에 따라 자음은 경자음과 연자음이 구별됩니다. 뒤에 아무것도 오지 않는 경우에 그 자음은 경자음입니다.

ъ*	а	э	о	у	ы	선행자음이 경자음
ь*	я	е	ё	ю	и	선행자음이 연자음

* 앞서 말한 바와 같이, 이들 기호는 모음은 아니지만 선행자음의 경/연음성을 알려 줍니다.

✪ 경자음과 연자음을 구별하여 발음해 보세요.

мать vs. мять　　　му́зыка vs. мю́зикл

경/연음 짝이 없는 자음군도 있습니다. 항상 연자음인 ч, щ, й와 항상 경자음인 ж, ц, ш가 여기에 속하지요. 후행모음에 따라 경자음과 연자음을 구별하는 것은 이들 짝없는 자음군에는 큰 의미가 없습니다. 즉, 후행모음글자가 어떤 것이건 이들의 경음성과 연음성은 영향을 받지 않습니다.

ш	ж	ц	언제나 경자음
щ	ч	й	언제나 연자음

실제로 러시아어 자음의 기본 소리가 철자의 두 배수이고 모음의 기본 소리는 철자 수의 반입니다. 모음의 철자를 실제 기본 소리의 두 배로 가지는 것은 자음 철자 수를 최소화하기 위한 경제적 이유 때문이지요.

러시아어는 또한 발음할 때 성대가 울리는지에 따라 무성자음 대 유성자음의 발음 차이가 있습니다. 단어의 끝에서 유성자음은 무조건 무성자음화됩니다. 그리고 자음 뒤에 바로 자음이 올 경우 그 자음에 의해 앞 자음의 발음이 유성 또는 무성으로 동화되는 역행동화가 일어납니다.

유성자음	Б б	В в	Г г	Д д	Ж ж	З з
무성자음	П п	Ф ф	К к	Т т	Ш ш	С с

зу**б**, Горбачё**в**, Санкт-Петербу́р**г**, шокола́**д**, гара́**ж**,
га**з**, Достое́**в**ский, во́**д**ка, францу́**з**ский, **с**дать

Упражне́ние 10 다음 단어를 발음해 보세요.

арбу́з	раб	медве́дь	носоро́г	нож
в Ту́ле	футбо́л	сдать	к Бори́су	кни́жка

3 필기체 쓰기

러시아어 알파벳 인쇄체를 익힌 다음 필기체를 연습해 봅시다. 일반적으로 러시아인들은 인쇄체가 아니라 필기체로 씁니다.

- **А, И, О, У, Е, Ё**

А, а 

И, и 

О, о 

У, у 

Е, е 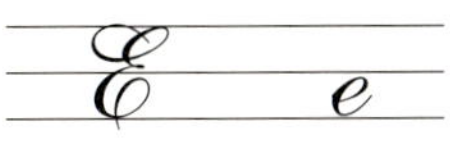

Ё, ё 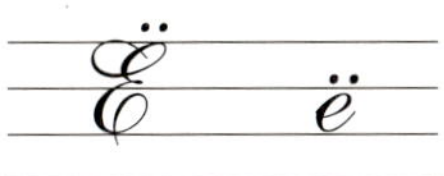

• С, В, Р, Х

С, с	*С с*	В, в	*В в*
Р, р	*Р р*	Х, х	*Х х*

● 다음을 필기체로 써 봅시다.

Рис	*Рис*	У́хо	*Ухо*
Хор	*Хор*	Са́хар	*Сахар*
Су́хо	*Сухо*	Варва́ра	*Варвара*

• Д, П, Т

Д, д	*Д д*	П, п	*П п*
Т, т	*Т т*		

- 러시아어의 д 소문자 필기체는 영어의 g 필기체와 모양이 비슷합니다.
- 러시아어의 п 소문자 필기체는 영어의 n 필기체와 모양이 비슷합니다.
- 러시아어의 т 소문자 필기체는 영어의 m 필기체와 모양이 비슷합니다.

Дави́д	*Давид*	Пётр	*Пётр*
О́пера	*Опера*	Спорт	*Спорт*

Теáтр *Театр*　　Прáвда *Правда*

Упражнéние 11 다음을 필기체로 쓰세요.

Вéра и Пётр.
Вот Варвáра идёт.
Óпера Вéрди.
Тут хор. Хор поёт в теáтре.

• **К, Н, Ш**

К, к *К к*　　Н, н *Н н*

Ш, ш *Ш ш*

> ✎ 러시아어의 к 소문자 필기체는 영어의 k와 달리 키가 작습니다.
> ✎ 러시아어의 н 필기체는 대문자, 소문자 모두 영어의 H 대문자와 유사합니다.

○ 다음을 필기체로 써 봅시다.

Квартúра *Квартира*　　Кинó *Кино*

Нúна *Нина*　　Áнна *Анна*

Натáша *Наташа*　　Шах *Шах*

Шáпка *Шапка*　　Карандáш *Карандаш*

Упражнéние 12 다음을 필기체로 쓰세요.

Наш университéт.
Онá хорошó поёт.
Пекúн в Китáе.
Шýра – сестрá Константúна.

• Г, З, Б

Г, г 

З, з 

Б, б 

○ 다음을 필기체로 써 봅시다.

Григóрий 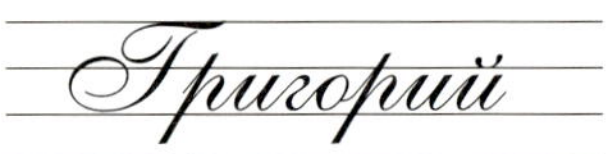

Звездá 

Бог 

Брат 

Зáгреб 

Газéта 

Упражнéние 13 다음을 필기체로 쓰세요.

Ивáн Грóзный.
Бог знáет!
Их ребёнок хорошó хóдит.
Егó сестрý зовýт Зúна.

• Л, М, Я

Л, л	Л л	М, м	М м
Я, я	Я я		

✎ 이 글자들의 소문자는 러시아어 필기체 쓰기에서 가장 주의해야 합니다. 앞의 글자와 이어 쓸 때 조그만 꼭짓점을 만들어 글자의 시작을 구분하도록 합니다.

○ 다음을 필기체로 써 봅시다.

Ли́да	Лида	Мари́я	Мария
Япо́ния	Япония	Литерату́ра	Литература
Ита́лия	Италия	Я́блоко	Яблоко

Упражне́ние 14 다음을 필기체로 쓰세요.

Москва́ и Ленингра́д.
Ле́тняя олимпиа́да.
Влади́мир Маяко́вский и Лев Толсто́й.
Я́сная поля́на.
«Илиа́да» Го́мера.

• Ц , Щ

Ц, ц	Ц ц	Щ, щ	Щ щ

다음을 필기체로 써 봅시다.

Цитáта	*Цитата*	Специали́ст	*Специалист*
Щёлка	*Щёлка*	Пти́ца	*Птица*
Царь	*Царь*	Борщ	*Борщ*

Упражнéние 15 다음을 필기체로 쓰세요.

Цирк и концéрт.
Вот щётка. А вот ещё щётка.
Цéлый мéсяц.
Ценá вещéй.

• Ч

Ч, ч *Ч ч*

✎ 러시아어의 ч 소문자 필기체는 영어의 r 소문자 필기체와 유사하지만 조금 더 각이 져 있습니다.

다음을 필기체로 써 봅시다.

Антóн Пáвлович Чéхов	*Антон Павлович Чехов*
Чёрные черни́ла	*Чёрные чернила*
Мой отéц врач.	*Мой отец врач.*

Упражнéние 16 다음을 필기체로 쓰세요.

Чéрез два часá.
Он говорúт по-чéшски.
Прáга – столúца Чéхии.
Я́йца кýрицу не ýчат.

• Ж

Ж, ж   *Ж ж*

○ 다음을 필기체로 써 봅시다.

Ножú и лóжки	*Ножи и ложки*
Журнáл и кнúга	*Журнал и книга*
Муж и женá	*Муж и жена*

Упражнéние 17 다음을 필기체로 쓰세요.

Её муж живёт в Женéве.
Жáнна жилá в Парúже.
Сегóдня ужáсно жáрко.

• **Ф**

Ф, ф — *Ф ф*

다음을 필기체로 써 봅시다.

Фотогрáфия — *Фотография*

Фрáнция — *Франция*

Упражнéние 18 다음을 필기체로 쓰세요.

Филосóфия	Флот	Симфóния
Фунт фи́ников	Фи́зика	Фами́лия

• **Э**

Э, э — *Э э*

다음을 필기체로 써 봅시다.

Эконóмика — *Экономика*

Эпóха — *Эпоха*

Э́хо — *Эхо*

Этногрáфия — *Этнография*

Поэ́зия — *Поэзия*

Аэропóрт — *Аэропорт*

Электри́ческая стáнция — *Электрическая станция*

Упражне́ние 19 다음을 필기체로 쓰세요.

Поэ́ма э́того поэ́та.

Он экономи́ст.

Э́то э́хо.

Энциклопе́дия.

• **Ю**

Ю, ю *Ю ю*

● 다음을 필기체로 써 봅시다.

Ю́рий *Юрий* Юри́ст *Юрист*

Я люблю́ приро́ду ю́га.

Я люблю природу юга.

Они́ приезжа́ют сюда́ ка́ждую зи́му.

Они приезжают сюда каждую зиму.

Упражне́ние 20 다음을 필기체로 쓰세요.

Я зна́ю Ка́тю.

Ю́бка Рю́мка Ую́тная ко́мната

• ъ, ы, ь

ъ	*ъ*	ы	*ы*	ь	*ь*

> ✎ 러시아어의 ъ, ы, ь은 언제나 소문자로만 쓰입니다.
>
> ✎ ь의 필기체는 작은 6처럼 생겼고, ы는 61을 이어 쓴 것처럼 보입니다. ь을 쓸 때 크기가 커지면 마치 в의 소문자처럼 보이게 되니 유의하세요.

○ 다음을 필기체로 써 봅시다.

Мы бы́ли до́ма весь день.

Мы были дома весь день.

Кто съел все конфе́ты?

Кто съел все конфеты?

Я пью то́лько во́ду.

Я пью только воду.

То́лько ию́ль был о́чень жа́ркий.

Только июль был очень жаркий.

Упражне́ние 21 다음을 필기체로 쓰세요.

Ско́лько сто́ит тако́е объявле́ние?

О́чень ма́ленький слова́рь.

Его́ объясне́ния не поня́тны.

세준과 민아의
모스크바 여행

김세준과 박민아는 서울대학교 3학년 студéнты입니다. 지난 март에 그들은 Россúя에 교환학생으로 갔습니다. Россúя의 Москвá 국립 университéт에서 그들은 рýсский язы́к과 рýсская литератýра, рýсская истóрия, рýсская культýра를 배웠습니다. 비록 Корéя의 Сеýл에서 рýсский язы́к을 2년 동안 배웠지만 Сежун과 Мина는 рýсские студéнты와 의사소통하고 Россúя에서 생활하는 것이 쉽지 않았습니다. 다행히도 Москвá에는 корéец인 유민규 профéссор가 있어 큰 도움이 되었고 рýсский профéссор인 Óльга Петрóвна, 같은 университéт의 студéнты인 Мúша와 Áнна가 Сежун과 Мина를 많이 도와주었습니다. Сежун과 Мина는 рýсская мýзыка, фúльм, теáтр, балéт, óпера를 사랑하게 되었고 러시아인들의 높은 문화적 수준과 따뜻한 인간관계에 감명받았습니다. 무엇보다도 한국인들과 러시아인들이 공통점이 많음을 알았고 세계의 모든 사람들은 культýра의 차이만큼이나 보편성도 지님을 깨달았습니다. 이제 곧 áвгуст에 Корéя로 다시 돌아가지만 Россúя에서 알게 된 모든 친구, 선생님들과 계속 연락을 주고받을 것입니다. Сежун과 Мина 모두 대학원에 가서 각각 рýсская литератýра와 истóрия를 깊이있게 공부하여 러시아 지역 специалúст가 될 것입니다. Россúя에서의 교환학생 경험은 그들의 장래 진로를 결정해 주었습니다.

УРО́К 1

ЗДРА́ВСТВУЙ! ЗДРА́ВСТВУЙТЕ!

ДИАЛО́ГИ

А Здра́вствуй!

Сежун: Здра́вствуй!

А́нна: Здра́вствуй!

Сежун: Я Сежун. Как тебя́ зову́т?

А́нна: А́нна.

Сежун: О́чень прия́тно, А́нна.

А́нна: Мне то́же, Сежун.

Б Как вас зову́т?

Ю Мингю: Здра́вствуйте!

О́льга Петро́вна: Здра́вствуйте!

Ю Мингю: Меня́ зову́т Ю Мингю. А как вас зову́т?

О́льга Петро́вна: О́льга Петро́вна.

Ю Мингю: О́чень прия́тно, О́льга Петро́вна.

О́льга Петро́вна: Мне то́же о́чень прия́тно, профе́ссор Ю.

В Доброе у́тро!

А́нна: До́брое у́тро, Мина!

Мина: До́брое у́тро, А́нна!

А́нна: Как дела́?

Мина: Хорошо́, спаси́бо. А у тебя́?

А́нна: Непло́хо, спаси́бо.

Г До́брый день!

Ми́ша: До́брый день, Сежун!

Сежун: До́брый день, Ми́ша!

Ми́ша: Как дела́?

Сежун: Ничего́[1], спаси́бо. А у тебя́?

Ми́ша: Норма́льно.

Д До́брый ве́чер!

Мина: До́брый ве́чер!

О́льга Петро́вна: До́брый ве́чер!

---

1) ничего́: [ничиво́]로 발음됩니다.

Мина:	Как поживáете?
Óльга Петрóвна:	Отли́чно! А вы?
Мина:	Óчень хорошó. Спаси́бо.

Е Как делá?

Джейн:	Привéт, Мина!
Мина:	Привéт, Джейн!
Джейн:	Как делá?
Мина:	Нормáльно. А у тебя́?
Джейн:	Спаси́бо, хорошó.

Давáйте поговори́м 1

옆에 앉은 친구들과 돌아가면서 인사하고 이름을 말해 보세요. 그런 다음 누가 친구들의 이름을 가장 많이 기억하는지 알아봅시다. 친구들의 이름을 소개할 때에는 3인칭으로 해야겠지요?

Как **егó** зовýт?	그의 이름은 무엇입니까?	**Егó** зовýт Сежун.
Как **её** зовýт?	그녀의 이름은 무엇입니까?	**Её** зовýт Мина.
Как **их** зовýт?	그들의 이름은 무엇입니까?	**Их** зовýт Сежун и Мина.

✎ егó는 [ивó]로 발음됨.

Дава́йте поговори́м 2

다음과 같은 상황에서 어떻게 인사해야 할까요?

1. А́нна Серге́евна 선생님과 만났을 때
2. 어린아이들을 만났을 때
3. 길에서 어릴 적 친구를 오랜만에 만났을 때
4. 사업상 거래하는 고객과 인사할 때
5. 학회에서 처음 보는 교수님을 만났을 때

Основны́е выраже́ния

УРО́К 1을 배우는 동안 다음 표현들을 연습해 봅시다.

1. Как тебя́ зову́т? Как вас зову́т?
2. Меня́ зову́т Мина. Меня́ зову́т Сежун.
   Меня́ зову́т О́льга Петро́вна.
3. А: О́чень прия́тно.
   Б: Мне то́же (о́чень прия́тно).
4. До́брое у́тро! / До́брый день! /
   До́брый ве́чер! / Приве́т!
5. А: Как дела́?
   Б: Хорошо́! / Отли́чно! /
   Норма́льно. / Непло́хо.

Интонáция

의문사가 있는 의문문에서는 의문사 부분을 크고 강하게, 나머지 부분을 상대적으로 낮고 평탄하게 발음합니다.

Как
вас зовýт?

ГРАММА́ТИКА

1. 인사하기

한국어의 "안녕하십니까?"에 해당하는 러시아어 표현은 Здра́вствуйте이며 "안녕!"에 해당하는 표현은 Приве́т 혹은 Здра́вствуй입니다. Здра́вствуйте는 공식적인 자리에서 쓰거나 아랫사람이 윗사람에게 쓰는 표현이며 같은 사람에게 하루에 여러 번 반복적으로 쓰지 않습니다. Приве́т 혹은 Здра́вствуй는 비공식적인 자리에서 친구나 같은 또래 사이에서 쓰는 인사말입니다. 일반적으로 처음 보는 사람에게는 Здра́вствуйте를 사용해야 하지만, 본 과의 Диало́г Ⓐ에서는 학생들 간의 비격식적인 분위기를 가정하여 Здра́вствуй를 사용했습니다.

2. 존칭과 비존칭

러시아어에서는 존칭과 비존칭이 구별됩니다. 프랑스어의 영향으로 이 같은 존칭이 생겨났다고 합니다. 대명사, 동사 등에서 존칭과 비존칭의 차이가 드러나는데, 가령 친구나 (나이에 상관없이) 가족구성원 혹은 친근한 사이에서는 2인칭 대명사 **ты**를, 공식적이고 존칭을 사용해야 하는 상황에서는 **вы**를 사용합니다. **вы**는 본래 복수의 의미만을 지녔으나 이제는 존칭의 '당신'(단수와 복수 모두 가능)이란 의미를 가지게 된 것이지요. 편지나 서류에서는 존칭을 대문자 **Вы**로 씁니다.

비공식, 비존칭	공식, 존칭 (혹은 상대방이 복수인 경우)
Здра́вствуй!	Здра́вствуй**те**!
Дава́й познако́мимся!	Дава́й**те** познако́мимся!
Ты коре́ец (корея́нка)?	**Вы** коре́ец (корея́нка, коре́йцы)?
Как **тебя́** зову́т?	Как **вас** зову́т?

3. КАК ДЕЛА́?

"오늘 기분이 어떠십니까?" 정도의 안부를 묻는 러시아어 표현으로 다음과 같은 것들이 있습니다.

• 공손한 표현: Как живёте? Как пожива́ете?
• 친근한 표현: Как живёшь? Как пожива́ешь? Как дела́?

이에 대해 기분에 따라 다음과 같이 다양하게 답할 수 있습니다.

О́чень хорошо́! / Отли́чно!

Хорошо́.

Ничего́. / Норма́льно. / Непло́хо.
[ничиво́]

Пло́хо.

О́чень пло́хо.

Пло́хо, О́чень пло́хо 등은 상대방으로 하여금 무슨 일인지 걱정하게 만드는 대답인 만큼 특별한 일이 있지 않은 한 Хорошо́, Ничего́ 등의 대답이 적당하며 Спаси́бо감사합니다를 덧붙여 말하는 것이 좋습니다.

4. 러시아어 이름과 애칭

러시아어 이름은 크게 세 부분, **이름-부칭-성**의 순서로 구성됩니다. 이름(и́мя)과 성(фами́лия) 외에 영어나 한국어에 없는 부칭(父稱, о́тчество)이란 것이 있지요 (фами́лия는 영어의 family가 아닙니다!). 특이한 점은 и́мя가 여러 개의 애칭 혹은 지소형을 가지고 있으며, 화자의 감정과 발화 상황에 따라 지소형이 선택되어 사용된다는 점입니다. 영어에도 물론 Elizabeth에 대해 Eliza, Lizzie, Liz 등의 애칭이 있지만 러시아어에는 이러한 애칭이 수적으로나 정서적 뉘앙스 면에서나 훨씬 더 풍부합니다. Мари́я란 이름의 애칭은 모두 19개나 됩니다!

4.1. 이름(И́мя)

아기가 태어나면 부모님이 사랑하는 마음으로 축복을 빌며 지어 주는 이름입니다. 가령 Михаи́л, Серге́й, Екатери́на, Ната́лья 등이 여기에 속하고 대부분의 이름에 수도 없이 많은 애칭이 있지요. 예컨대 Екатери́на의 가장 흔한 애칭은 Ка́тя이고, Ка́тенька, Катю́ша 등의 애칭도 있습니다.

4.2. 부칭(О́тчество)

아버지의 и́мя에서 딸인 경우 -овна, -евна가 붙고, 아들인 경우 -ович, -евич가 붙습니다. 결국 어떤 사람의 부칭을 알면 아버지의 이름을 알 수 있지요. 아버지의 이름이 Ива́н이면 딸의 부칭은 Ива́новна, 아들의 부칭은 Ива́нович가 되겠지요? 사회생활을 시작하면서 공식적이고 존칭적 의미의 호칭이 필요한 나이가 되면 **и́мя+о́тчество**로 부르게 되므로 부칭은 중요합니다. **이름+부칭**으로 누군가를 호칭할 때 조심해야 할 것은 애칭이 아니라 정식 이름(по́лное и́мя)에 부칭을 붙여 사용해야 한다는 점이에요. 가령, Ка́тя Ива́новна라고 하면 안 되고 Екатери́на Ива́новна라고 해야 합니다. Mr.와 Ms에 해당하는 господи́н, госпожа́는 매우 공식적인 호칭입니다.

4.3. 성(Фами́лия)

남자의 성은 자음으로 끝나고, 여자의 성은 여기에 -а를 덧붙인 형태이기 때문에 성의 모양을 보면 그 사람이 남자인지 여자인지 알 수 있습니다. 여자는 결혼 전에는 아버지의 성, 결혼 후에는 통상 남편의 성을 따릅니다. 가령, 아버지, 오빠 혹은 남편의 성이 Каре́нин, Петро́в이면 그 여성의 성은 Каре́нина, Петро́ва이지요. Господи́н, госпожа́ 다음에는 성만 사용해야 합니다. 이를테면 господи́н Петро́в, госпожа́ Петро́ва라고 해야 합니다. 만약 **이름-부칭-성**의 순서가 아닌 **성-이름-부칭**의 순서로 쓴다면, 성 다음에 쉼표가 있어야 합니다.

한편, 성의 유래도 다양하답니다.

● 이름(и́мя)에서 온 경우

Ива́н	Ивано́в	Пётр	Петро́в
Рома́н	Рома́нов	Михаи́л	Миха́йлов
Никола́й	Никола́ев		

● 직업명에서 온 경우

кузне́ц	대장장이	Кузнецо́в	пло́тник	목수	Пло́тников
портно́й	재단사	Портно́й	виноку́р	양조장이	Виноку́ров

● 동물 이름에서 온 경우

за́яц	토끼	За́йцев	орёл	독수리	Орло́в
медве́дь	곰	Медве́дев	ко́шка	고양이	Ко́шкин
волк	늑대	Во́лков	пету́х	수탉	Петухо́в
ча́йка	갈매기	Чайко́вский	карп	잉어	Ка́рпов

이제 러시아 사람들의 이름이 어떻게 만들어지는지 살펴보도록 합시다. 예를 들어, Ната́ша라는 여자의 아버지가 이름이 Ива́н이고 성이 Анто́нов이면 이 여자의 이름은 Ната́лия Ива́новна Анто́нова가 됩니다.

Упражне́ние 1 다음 인물들의 о́тчество를 알아맞춰 보세요.

1. Ива́н의 아들: ____________________
2. Серге́й의 딸: ____________________
3. Никола́й의 아들: ____________________
4. Пётр의 딸: ____________________
5. Михаи́л의 아들: ____________________

ВНИМА́НИЕ!

러시아인의 이름과 그 애칭

러시아인들이 가족이나 친한 사람 사이에서 흔히 사용하는 애칭에는 다음과 같은 것들이 있습니다. 애칭이 따로 있는 경우가 대부분이지만 애칭이 없는 경우, 즉 정식 이름과 차이가 없는 경우도 있으니 유의하세요.

남성		여성	
정식 이름	애칭	정식 이름	애칭
Алекса́ндр	Са́ша	Алекса́ндра	Са́ша
Алексе́й	Лёша	А́лла	------
Андре́й	------	А́нна	А́ня
Бори́с	Бо́ря	Валенти́на	Ва́ля
Валенти́н	Ва́ля	Ве́ра	------
Ви́ктор	Ви́тя	Евге́ния	Же́ня
Влади́мир	Воло́дя	Екатери́на	Ка́тя
Гео́ргий	Го́ша	Еле́на	Ле́на
Григо́рий	Гри́ша	Ири́на	И́ра
Евге́ний	Же́ня	Лари́са	Ла́ра
Ива́н	Ва́ня	Мари́на	------
И́горь	------	Мари́я	Ма́ша
Макси́м	------	Наде́жда	На́дя
Михаи́л	Ми́ша	Ната́лия(Ната́лья)	Ната́ша
Никола́й	Ко́ля	Ни́на	-----
Оле́г	------	О́льга	О́ля
Серге́й	Серёжа	Светла́на	Све́та
Ю́рий	Ю́ра	Со́фья	Со́ня
		Татья́на	Та́ня

✎ 파란색으로 표시된 이름은 남녀 공통의 애칭이 가능한 경우입니다. 애칭만으로는 남자 이름인지 여자 이름인지 알 길이 없지요!

✎ И́горь, Макси́м, Оле́г, А́лла, Ве́ра, Мари́на, Ни́на는 애칭이 없습니다.

Упражне́ние 2 다음의 이름들에서 и́мя에 대한 애칭을 적고 фами́лия의 성별이 틀린 경우 바르게 고쳐 보세요.

1. Мари́я – Петро́в: ____________________
2. Валенти́н – Гага́рин: ____________________
3. О́льга – За́йцев: ____________________
4. Алекса́ндра – Усти́нов: ____________________
5. Бори́с – Ивано́ва: ____________________

Упражне́ние 3 각자 마음에 드는 러시아어 이름을 고르고, 친구들과 함께 아래의 질문과 대답을 연습해 보세요.

– Как твоя́ фами́лия? – Моя́ фами́лия __________.

– Как твоё и́мя? – Моё и́мя __________.

– Как твоё о́тчество? – Моё о́тчество__________.

КУЛЬТУ́РА

ТЫ와 ВЫ

2인칭 대명사는 단수 ты와 복수 вы라는 차이 외에도 프랑스어나 독일어처럼 존칭의 вы 용법을 가집니다. 젊은 세대는 초면에도 바로 말을 놓을 수 있지만 선생-학생의 관계나 일정한 사회적 지위를 지닌 사람들끼리 공적인 만남에서 말을 놓기란 쉽지 않지요. 반면, 가족이나 친구들 사이에서는 딱딱한 존칭어를 쓰는 것이 일반적이지 않습니다. вы에서 ты로 옮겨 가는 것(서로 말을 놓자는 표현은 Дава́йте перейдём на ты!)은 매우 조심스러워야 하며, 우리와 같은 외국인들은 불확실할 경우 존칭을 쓰는 것이 안전하답니다. 편지에서는 존칭 2인칭 대명사를 대문자 Вы로 사용하는 것이 관례입니다.

러시아어의 존칭 вы는 프랑스어의 영향으로 러시아 귀족계층에서부터 확산되었다고 하는데, 같은 관계라 할지라도 어떤 상황이나 사회적 맥락에서 대화가 이루어지는가 하는 점도 변수로 작용합니다. 가령 러시아 소설『죄와 벌』(Преступле́ние и наказа́ние)을 보세요. Раско́льников가 Со́ня에게 살인을 고백하는 장면의 대화에서 2인칭 대명사는 주인공들이 말하는 주제, 그들이 느끼는 상대를 향한 심리적 거리와 정서적 색감에 따라 역동적으로 변한답니다.

НО́ВЫЕ СЛОВА́

단어	품사	의미
зову́т	동사	звать부르다의 3인칭 복수형
пожива́ете	동사	пожива́ть지내다의 2인칭 복수형
ве́чер	명사	저녁
выраже́ния	명사	выраже́ние표현의 복수형
грамма́тика	명사	문법
дела́	명사	де́ло일의 복수형
день	명사	날(日)
диало́ги	명사	диало́г대화의 복수형
и́мя	명사	이름
культу́ра	명사	문화
о́тчество	명사	부칭
профе́ссор	명사	교수
слова́	명사	сло́во단어의 복수형
упражне́ние	명사	연습문제
уро́к	명사	과(科)
у́тро	명사	아침
фами́лия	명사	성(姓)
вас	대명사	вы당신의 대격
вы	대명사	너희들, 당신(들)
его́	대명사	он그의 대격
её	대명사	она́그녀의 대격
их	대명사	они́그들의 대격
меня́	대명사	я나의 대격
ничего́	대명사	아무것도, 괜찮아
тебя́	대명사	ты너의 대격
я	대명사	나

단어	품사	의미
как	부사	어떻게
непло́хо	부사	나쁘지 않게, 꽤 괜찮게
норма́льно	부사	보통으로
отли́чно	부사	최고로, 아주 좋게
о́чень	부사	매우
прия́тно	부사	기분 좋게, 유쾌하게
хорошо́	부사	잘, 훌륭하게
до́брый, до́брое	형용사	착한, 좋은[남성, 중성 단수]
но́вые	형용사	**но́вый**새로운의 복수형
основны́е	형용사	**основно́й**주요한의 복수형
Внима́ние!	표현	주목하세요!
Дава́йте поговори́м.	표현	말해 봅시다
Здра́вствуй!	표현	안녕!; **здра́вствовать**안녕하다의 2인칭 단수 명령형
Здра́вствуйте!	표현	안녕하세요?; **здра́вствовать**안녕하다의 2인칭 복수 명령형
Мне то́же.	표현	저(에게)도 역시
Приве́т!	표현	안녕!(친한 사이에서)
Спаси́бо!	표현	고맙습니다!

УРО́К 2

КТО Э́ТО? ЧТО Э́ТО?

ДИАЛО́ГИ

А Кто э́то?

А: Кто э́то?

Б: Э́то Ната́ша. Моя́ сестра́.

А: Она́ студе́нтка?

Б: Да, студе́нтка.

А: А э́то кто? Твой оте́ц?

Б: Нет, не оте́ц. Э́то мой дя́дя.

Б Что э́то?

А: Что[1)] э́то?

Б: Э́то? Э́то ру́чка.

А: А э́то?

Б: Э́то газе́та и письмо́.

1) 예외적으로 [што]로 발음됩니다.

А: А э́то что?

Б: Э́то кни́га и журна́л.

А: А э́то?

Б: Э́то каранда́ш.

В Где он? Где она́?

А: Где Сежун?

Б: Он там.

А: А где Мина?

Б: Она́ здесь.

А: А где А́нна и Ми́ша?

Б: Вот они́.

Г Чей э́то слова́рь?

А: Э́то твой слова́рь?

Б: Нет, э́то не мой слова́рь.

А: А чей э́то слова́рь?

Б: Э́то его́ слова́рь.

Д Спаси́бо!

А: Ко́фе, пожа́луйста[2].

Б: Вот, пожа́луйста.

А: Спаси́бо!

Б: Пожа́луйста.

Е До свида́ния.

А: До свида́ния.

Б: До свида́ния.

Ж Пока́.

А: Пока́.

Б: Пока́.

Дава́йте поговори́м 1

위 대화들을 응용하여 주위에 있는 사물에 대해 묻고 대답해 보세요. 모르는 단어는 선생님께 물어봅시다.

2) пожа́луйста는 마치 [пажа́лста]처럼 들립니다.

Давáйте поговори́м 2

주위 친구들을 상대로 "이 사람이 누구입니까?"라고 질문하고 대답해 보세요. "누가 어디에 있습니까?"라는 질문도 하여 가까이 있는 친구와 멀리 있는 친구를 구별해 봅시다.

Основны́е выраже́ния

УРО́К 2를 배우는 동안 다음 문형을 54쪽에 주어진 단어들을 사용하여 연습해 봅시다.

1. А: Кто э́то? / Э́то кто?
   Б: Э́то Ива́н.

2. А: Э́то Ко́ля?
   Б: Да, э́то Ко́ля.
   А: Он студе́нт?
   Б: Да, он студе́нт.

3. А: Что э́то? / Э́то что?
   Б: Э́то кни́га.
   А: Э́то каранда́ш?
   Б: Нет, э́то не каранда́ш. Э́то ру́чка.

4. А: Где Ива́н?
   Б: Вот он.
   А: Где кни́га?
   Б: Она́ здесь.

5. А: Чья э́то ру́чка?
   Б: Э́то моя́ ру́чка.
   А: А э́то твой каранда́ш?
   Б: Нет, э́то его́ каранда́ш.

〈명사〉

	남성	여성	중성
경자음 어간	студéнт профéссор стол стул урóк журнáл рюкзáк карандáш чемодáн дом отéц пáпа брат дéдушка	студéнтка кни́га кóмната рýчка газéта доскá лáмпа мáма сестрá бáбушка	окнó письмó молокó винó óтчество пальтó
연자음 어간	дя́дя	тётя Росси́я аудитóрия	мóре здáние заня́тие
	музéй преподавáтель словáрь	тетрáдь зáпись мать	

✎ профéссор는 대학교수, преподавáтель(ница)은 대학강사, учи́тель(ница)는 초·중·고교 남/여 선생님을 뜻합니다. 대학강사와 선생님의 경우 여성에 대해 여성형 명사를 사용하지만 대학교수의 경우에는 여성을 지시할 경우에도 남성형을 사용한답니다(대학강사의 경우도 비슷한 추세임).

Интона́ция

● 평서문

통상 문장 마지막에 위치하는 단어의 강세음절을 눌러 주듯이 낮게 발음합니다.

Э́то каран
да́ш.

● 의문사가 없는 의문문

문장에서 가장 중요한 정보를 지니는 단어(묻고자 하는 단어)의 강세음절을 높게 발음합니다.

да́ш?
Э́то каран

● 의문사가 있는 의문문

의문사의 강세음절을 크고 강하게, 문장의 나머지 부분을 상대적으로 낮고 평탄하게 발음합니다.

Кто
э́то?

Чей
э́то каранда́ш?

ГРАММА́ТИКА

1. 러시아어의 문법적 성(Gender, Род)

러시아어의 명사는 어간과 어미로 구성되어 있습니다. 어간이 어휘적 의미를 나타내는 반면 어미는 주로 문법적 정보(성, 수, 격 등)를 제공합니다. 러시아어의 어간은 경자음어간과 연자음어간으로 나뉘는데 어간의 종류에 따라 어미 모양이 다르게 나타납니다. 어간에 따라 어미가 달라 보이지만 이들 어미는 본질적으로 같은 소리이며 선행자음의 경음, 연음 여부에 따라 다른 철자로 표기되는 것입니다. 러시아어의 문법적 성은 남성, 여성, 중성 세 가지가 있고 대부분 주격 단수 어미를 보면 성을 판별할 수 있답니다. 생물뿐 아니라 무생물이라 할지라도 모든 명사가 성을 가진다는 점이 좀 이상하지요? 이렇게 자연적·생물학적 성(sex)과 문법적 성(gender)은 구별되는 개념입니다. 다음 표와 같이 명사는 성에 따라 각각 다른 어미를 가지게 됩니다.

	남성 (Ø)	여성 (-а/-я)	중성 (-о/-ё/-е)
경자음어간	студе́нт	газе́та	о́тчество
연자음어간	музе́й слова́рь	ку́хня тётя	зда́ние бельё
기타	(-а/-я) па́па дя́дя	(-ь) тетра́дь за́пись	(-мя) и́мя вре́мя

(1) 남성명사는 어간이 자음으로 끝나며 모음 어미가 붙지 않습니다. 즉, 경자음어간+제로 어미 혹은 연자음어간+제로 어미로 구성되는 것이지요. 위의 표에서 музе́й의 й는 연자음이고 слова́рь의 연음부호 ь는 앞의 р[r']가 연자음임을 나타내므로 이들 단어는 모두 연자음으로 끝납니다. 또한 여성명사처럼 보이는 -а 어미 남성명사에 주의해야 합니다. па́па아빠, дя́дя아저씨, де́душка할아버지와 남자 이름의 지

소형인 Ва́ня, Ви́тя, То́ля, Са́ша(여성도 지칭 가능) 등은 모두 남성명사에 속합니다. 이들은 대명사로 지칭하거나 형용사로 수식할 때 남성에 준하여 일치시켜야 합니다.

(2) 여성명사는 어미가 -а, -я 혹은 -ь로 끝납니다. 어미 -а, -я는 실제로 둘 다 /a/ 소리를 나타내지만, 앞에 오는 어간말 자음이 경자음인지 연자음인지를 표시하는 역할을 합니다. 여성명사 중에는 **자음+연음부호(ь)**로 끝나는 명사들이 있는데, 이러한 연음부호 여성명사들은 연어간 남성명사(즉, 마지막 자음이 연음인 남성명사)와 구별되지 않기 때문에 사전을 봐야만 그 성을 알 수 있습니다. 따라서 단어가 나올 때마다 잘 외워두는 수밖에 없답니다. 단, -жь, -чь, -шь, -щь로 끝나는 명사의 문법적 성은 항상 여성입니다.

(3) 중성명사는 -о, -е, -ё로 끝나는데 -е와 -ё는 선행어간자음이 연자음임을 표시하며 특히 ё는 항상 강세를 동반합니다. и́мя, вре́мя와 같은 -мя 명사는 여성명사로 보이지만 예외적으로 중성입니다.

문법적 성은 생물학적 성과 다른 개념이지만 사람의 경우에는 대부분 이 둘이 일치합니다. 가령 "나는 학생이다"라는 문장을 여성 화자가 말할 때, Я студе́нт라고 하면 이상합니다. Я студе́нтка라고 여성형 명사를 사용해야 하지요. 국적을 나타내는 명사도 남성형과 여성형이 다르고 직업 명사 역시 최근에는 남성형을 대표형으로 사용하는 추세이긴 하지만 성별에 따라 형태가 다를 수 있습니다.

문법적 성은 생물학적 성과 일치하는 경우가 대다수입니다. 예를 들어, де́душка할아버지와 оте́ц아버지는 남성, ба́бушка할머니와 ма́ма엄마는 생물학적 성에 따라 여성이 되지만 무생물인 журна́л잡지, газе́та신문, окно́창문 등은 생물학적 성이 무엇인지 알 수가 없습니다. 이 경우 러시아어에서는 문법적인 성이 각 명사의 끝에 어떤 자모가 오는지에 따라 자동적으로 결정됩니다.

✎ -о, -и, -е로 끝나는 외래어 명사는 대체로 중성이지만 예외도 있습니다.
То́кио, пальто́, жюри́, такси́, кафе́ (중성) vs. шимпанзе́, кенгуру́, ко́фе (남성)

2. 인칭대명사

러시아어의 인칭대명사는 단수 1, 2, 3인칭, 복수 1, 2, 3인칭, 이렇게 총 6개의 형태가 있습니다. 단수 3인칭의 경우 남성, 여성, 중성으로 다시 성을 구분하여 사용합니다.

	단수	복수
1인칭	я	мы
2인칭	ты	вы
3인칭	он / онá / онó	они́

✎ 인칭대명사는 사람, 사물에 관계없이 쓰일 수 있습니다. 가령 чемодáн이나 Ивáн이나 모두 он으로 받을 수 있지요.

남성단수	여성단수	중성단수
он	онá	онó

он журнáл, музéй, словáрь, дéдушка
он**á** кóмната, кýхня, мать
он**ó** письмó, рáдио, здáние, и́мя

Упражнéние 1 다음 단어의 성이 남성이면 он, 여성이면 онá, 중성이면 онó를 넣으세요.

1. рýчка – ________
2. костю́м – ________
3. Андрéй – ________
4. сви́тер – ________
5. окнó – ________
6. футбóлка – ________
7. кни́га – ________
8. профéссор – ________
9. газéта – ________
10. пáпа – ________

11. молокó – ________	12. студéнтка – ________
13. аудитóрия – ________	14. Россúя – ________
15. студéнт – ________	16. стол – ________
17. стул – ________	18. úмя – ________
19. мóре – ________	20. дя́дя – ________
21. доскá – ________	22. тетрáдь – ________
23. рюкзáк – ________	24. карандáш – ________
25. лáмпа – ________	

3. 의문부사 ГДЕ

Где는 한국어의 '어디에'에 해당하는 러시아어 표현으로 위치를 묻는 의문부사입니다. 이에 대한 대답으로 там저기에, здесь여기에, дóма집에 등의 부사를 사용할 수 있습니다.

– Где Натáша?	– Онá там.
– Где Борúс?	– Он здесь.
– Где сестрá?	– Онá дóма.

Вот는 무슨 뜻일까요? 번역하자면 '저기 / 여기' 둘 다 되지만 특히 어떤 대상을 발견한 순간에 그것을 가리키면서 "아, 바로 저기 / 여기"라고 말하는 상황에서 사용됩니다.

– Где Áнна?	– Вот онá.

Упражнéние 2 여러분은 지금 모스크바대학에 여름방학 어학연수를 와 있습니다. Москвá에서 Санкт–Петербýрг로 여행을 가기 위해 러시아 친구와 짐을 싸고 있습니다. 아래의 물건들 가운데 꼭 가져갈 물건 5개를 골라 보세요. 선생님이 "어떤 물건이 어디에 있습니까?"라고 물어보면 알맞은 대명사를 선택한 후, 여러분이 고른 물건은 здесь로, 고르지 않은 물건은 там을 사용하여 대답해 보세요.

Образéц:
А: Где рýчка?
Б: Онá здесь.
А: А где гáлстук?
Б: Он там.

рýчка	кни́га	**часы́**
рюкзáк	**очки́**	блýзка
джи́нсы	сви́тер	футбóлка
пулóвер	кýртка	костю́м
носки́	гáлстук	**тýфли**
пальтó	мáйка	чемодáн

✎ 파란색으로 표시된 단어들은 항상 복수로 사용됩니다. 주격 복수형에 대해서는 УРÓК 3에서 살펴보도록 합시다.

4. 의문대명사 КТО, ЧТО

кто누가는 사람에 대해, что[што]무엇이/무엇을는 사물에 대해 사용하는 의문대명사로서 대답 역시 이에 상응해야 한답니다.

– Кто э́то?
– Э́то Ивáн Петрóвич Смирнóв.

– Что э́то?
– Э́то рýчка.

– А э́то что?

– Э́то кни́га и журна́л.

✎ 위 대화에서 지시대명사 э́то는 단수와 복수, 사람과 사물 모두를 지칭할 수 있음에 유의하세요.

5. 소유형용사

러시아어의 형용사는 수식받는 명사의 성, 수, 격에 따라 형태가 결정됩니다. 이를 '일치'라고 합니다.

	남성명사 수식	중성명사 수식	여성명사 수식
나의 너의	мой твой	моё твоё	моя́ твоя́
그의 그녀의 그들의	его́ её их		
우리들의 너희들/당신(들)의	наш ваш	на́ше ва́ше	на́ша ва́ша

✎ 3인칭 소유형용사는 수식받는 명사의 성, 수, 격과 무관하게 형태가 불변입니다.

● 의문소유형용사 чей누구의의 변화형

남성	여성	중성
чей	чья	чьё

– Чей э́то чемода́н? – Э́то мой чемода́н.

– Чья э́то ко́мната? – Э́то на́ша ко́мната.

– Чьё э́то ра́дио? – Э́то его́ ра́дио.

Упражнéние 3 다음 образéц와 같이 질문에 대답하세요.

Образéц:	А: Э́то твоя́ кóмната? Б: Да, моя́.

1. Э́то ваш преподавáтель?
2. Э́то егó карандáш?
3. Э́то мой журнáл?
4. Э́то твоя́ газéта?
5. Э́то их дя́дя?
6. Э́то вáша тетрáдь?
7. Э́то её рýчка?
8. Э́то наш профéссор?
9. Э́то твоё письмó?
10. Э́то ваш дéдушка?

Упражнéние 4 다음 образéц를 참고하여 질문에 답하세요.

Образéц:	А: Где вáша ви́за? Б: Моя́ ви́за? Вот онá.

1. Где мой словáрь?
2. Где нáша аудитóрия?
3. Где наш профéссор?
4. Где вáша доскá?
5. Где твоё пальтó?
6. Где вáша мать?
7. Где егó тетрáдь?
8. Где окнó?
9. Где музéй?
10. Где её рюкзáк?

Упражне́ние 5 다음 образе́ц와 같이 주어진 단어로 의문문을 만들고 다양한 소유형용사를 사용하여 답해 보세요.

Образе́ц:	газе́та А: Чья э́то газе́та? Б: Э́то моя́ газе́та.

1. письмо́
2. ла́мпа
3. крова́ть
4. га́лстук
5. журна́л
6. кварти́ра
7. слова́рь
8. тетра́дь
9. вино́
10. рюкза́к

Упражне́ние 6 다음 образе́ц를 참고하여 밑줄 친 내용에 대해 묻는 질문을 만드세요.

Образе́ц:	Э́то <u>моя́</u> кни́га. → Чья э́то кни́га?

1. Э́то <u>твоя́</u> ла́мпа.
2. Э́то <u>ва́ша</u> за́пись.
3. Э́то <u>его́</u> чемода́н.
4. Э́то <u>её</u> стол.
5. Э́то <u>их</u> зда́ние.
6. Э́то <u>наш</u> дом.
7. Э́то <u>моё</u> молоко́.
8. Э́то <u>наш</u> слова́рь.
9. Э́то <u>ваш</u> каранда́ш.
10. Э́то <u>её</u> пальто́.

весь모든는 소유형용사는 아니지만 소유형용사와 동일한 종류의 수식어입니다.

남성	여성	중성
весь	вся	всё

✎ 중성형 всё는 '모든 것', 복수형 все는 '모든 사람들'이란 뜻이 있답니다.

6. 부정소사 НЕ

러시아어에서 문장의 부정은 통상 동사 앞에 부정소사 не를 둡니다. 동사가 없는 현재시제 주어 – 주격보어 구문에서는 주격보어 명사나 형용사 앞에 부정소사를 둡니다. 특정한 단어의 부정인 경우에는 그 단어 앞에 부정어 не가 옵니다.

– Вы студéнт?
– Нет, я **не** студéнт.

Упражнéние 7 다음 질문에 부정문으로 답해 보세요.

1. Карандáш здесь?
2. Дя́дя дóма?
3. Ивáн там?
4. Ты студéнтка?
5. Что э́то? Э́то журнáл?
6. Кто э́то? Э́то ваш профéссор?
7. Э́то твоя́ газéта?
8. Твой отéц здесь?
9. Онá твоя́ мáма?
10. Вы профéссор?

КУЛЬТУ́РА

러시아어 문자의 기원

러시아어 문자는 슬라브 문자를 처음 만든 키릴(Кири́лл)과 메포디(Мефо́дий) 형제의 이름을 따 '키릴 알파벳'이라 불립니다. 이들은 비잔틴 제국의 슬라브족 후손으로 키릴은 당대의 저명한 학자로, 형 메포디는 행정관으로 알려져 있습니다. 키릴의 그리스 이름은 콘스탄틴이며 나중에 키릴이라는 수도명을 받게 됩니다. 두 사람 모두 후대에 성인으로 시성되었답니다.

서기 862년경, 당시 모라비아 왕국(현재의 체코 공화국)의 공후 로스티슬라프는 비잔틴 제국의 황제에게 자신들의 구어인 슬라브어로 기독교를 전파할 사람들을 보내 달라는 서신을 보냅니다. 비잔틴 황제는 이 요청에 응하여 키릴과 메포디 형제를 모라비아 지방으로 파견했습니다. 이들은 최초의 슬라브 문자를 만들어 성경과 종교 문서를 슬라브어로 번역하고 제자들을 키워 슬라브족의 문자 문화 발전에 크게 공헌한 것으로 알려져 있습니다. 그런데 키릴과 메포디가 만든 슬라브 문자는 실은 키릴 문자가 아니라 그보다 오래된 '글라골 문자'입니다. 이것이 나중에 좀 더 간소화되고 그리스 문자의 모양을 닮은 키릴 문자로 대체되었답니다. 러시아어 문자는 불필요한 글자를 폐지하고 합병하는 등 1920년대에 대폭 정비되어 지금의 모습을 갖추게 되었지요.

글라골 문자

러시아는 988년 블라디미르 대제에 의해 기독교화되었는데 슬라브 문자를 활용하여 활발하게 종교서적이 번역되고 진정한 의미의 '문학', 즉 문자 문화가 뿌리내리게 되었습니다. 현

재 슬라브어는 크게 동슬라브어, 서슬라브어, 남슬라브어로 분류되며 각각에 속하는 언어는 다음과 같습니다. 헝가리어와 루마니아어는 슬라브어에 속하지 않음에 유의하세요.

동슬라브어: 러시아어, 우크라이나어, 벨라루스어
서슬라브어: 폴란드어, 체코어, 슬로바키아어
남슬라브어: 세르비아어, 크로아티아어, 보스니아어, 슬로베니아어, 불가리아어, 마케도니아어

러시아어를 모국어로 사용하는 인구는 2010년 기준으로 1억 5천만 명이 넘는 것으로 추산되며 이는 중국어, 스페인어, 영어, 벵갈어, 힌두어, 포르투갈어 다음으로 세계 7-8위에 해당하는 숫자랍니다. 한국어는 언어인구로 따지면 세계 13-14위 정도라고 합니다. 러시아어는 영어, 스페인어, 중국어, 프랑스어, 아랍어와 더불어 유엔 공식 언어 6개 가운데 하나입니다.

КУЛЬТУ́РА

러시아어 문자와 소리의 관계

영어는 알파벳과 소리의 관계가 일치하지 않아 습득이 어려운 언어로 악명높습니다. 영어에서는 철자와 소리 관계만 따지면, 철자 〈gh〉는 enough에서처럼 [f] 발음이 가능하고 철자 〈o〉는 women에서처럼 [i]로, 그리고 철자 〈ti〉는 nation에서처럼 [š] 발음이 가능하기 때문에 fish가 ghoti로 표기될 수도 있겠지요. 그와 비교하면 러시아어는 알파벳 익히기는 어렵지만 우리말과 비슷하게 철자와 소리의 대응관계가 비교적 규칙적인 언어라고 할 수 있습니다. 물론 연자음과 경자음의 서로 다른 소리가 자음철자만으로 구별되지는 않지만 연자음표지 모음철자, 즉 я, е, и, ё, ю, 그리고 연음부호 ь로 구별되니 상당히 예측가능한 셈입니다.

НО́ВЫЕ СЛОВА́

단어	품사	의미
аудито́рия	명사	강당, 강의실
ба́бушка	명사	할머니
бельё	명사	속옷, 시트
блу́зка	명사	블라우스
брат	명사	형제
вино́	명사	와인
газе́та	명사	신문
га́лстук	명사	넥타이
де́душка	명사	할아버지
джи́нсы	명사	청바지(항상 복수)
дом	명사	집
доска́	명사	칠판
дя́дя	명사	숙부, 남자 친척
журна́л	명사	잡지
жюри́	명사(중성)	심판
заня́тие	명사	수업
за́пись	명사(여성)	녹음
зда́ние	명사	건물
каранда́ш	명사	연필
кафе́	명사(중성)	카페, 레스토랑
кни́га	명사	책
ко́мната	명사	방
костю́м	명사	정장
ко́фе	명사(남성)	커피
ку́ртка	명사	점퍼, 재킷
ку́хня	명사	부엌

단어	품사	의미
ла́мпа	명사	램프
ма́йка	명사	러닝셔츠
ма́ма	명사	엄마
мать	명사(여성)	어머니
молоко́	명사	우유
мо́ре	명사	바다
Москва́	명사	모스크바
музе́й	명사	박물관
носки́	명사	양말(통상 복수)
образе́ц	명사	예시, 보기
окно́	명사	창문
оте́ц	명사	아버지
очки́	명사	안경(항상 복수)
пальто́	명사	오버코트(불변)
па́па	명사	아빠
письмо́	명사	편지
преподава́тель	명사(남성)	선생님
пуло́вер	명사	풀오버, 스웨터
ра́дио	명사	라디오
Росси́я	명사	러시아
ру́чка	명사	펜, 만년필
рюкза́к	명사	배낭, 백팩
сви́тер	명사	스웨터
сестра́	명사	자매
слова́рь	명사(남성)	사전
стол	명사	책상

단어	품사	의미
студе́нт/-ка	명사	대학생(남/여)
стул	명사	의자
такси́	명사(중성)	택시
тетра́дь	명사(여성)	노트, 공책
тётя	명사	숙모, 이모, 고모
ту́фли	명사	구두(항상 복수)
учи́тель/-ница	명사	초중등학교 선생님(남/여)
футбо́лка	명사	티셔츠
часы́	명사	시계(항상 복수)
чемода́н	명사	여행가방
мы	대명사	우리
он	대명사	그
она́	대명사	그녀
они́	대명사	그(것)들
оно́	대명사	그것
ты	대명사	너
э́то	대명사	이것, 이것은 –이다
ваш	소유형용사	너희의, 당신의, 당신들의
весь	지시형용사(류)	모든, 온
его́	소유형용사	그의
её	소유형용사	그녀의
их	소유형용사	그들의
мой	소유형용사	나의
наш	소유형용사	우리의
твой	소유형용사	너의
вот	부사 혹은 소사	여기에 –이 있다
да/нет	소사	예/아니오
не	소사	–이 아니다
здесь	부사	여기에
там	부사	저기에, 거기에

단어	품사	의미
где	의문사	어디
кто	의문사	누구
что	의문사	무엇
а	접속사	그런데, 그렇지만
и	접속사	그리고
До свида́ния!	표현	안녕히 가세요!
Пожа́луйста.	표현	천만에요, 부디, 제발
Пока́.	표현	잘 가(친한 사이에)

УРО́К 3

ВОТ НАШ ДОМ! ВОТ НА́ША КВАРТИ́РА!

ДИАЛО́ГИ

А Вот на́ше общежи́тие!

А́нна: Мина, вот твоё общежи́тие.

Мина: Како́е большо́е зда́ние! А где моя́ ко́мната?

А́нна: Вот она́. Дава́й посмо́трим!

Мина: Что здесь есть?

А́нна: Здесь есть стол, стул, крова́ть, шкаф и кни́жные по́лки.

Мина: О́чень хорошо́. А э́то что?

А́нна: Э́то холоди́льник.

Мина: А здесь есть телеви́зор?

А́нна: Коне́чно. Он там.

Мина: А где туале́т?

А́нна: Туале́т вон там.

Б Моя́ семья́

Сежу́н: Э́то твоя́ сестра́?

Ми́ша: Да, её зову́т А́нна.

Сежун: Какáя онá по харáктеру[1)]?

Ми́ша: Онá акти́вная и весёлая.

Сежун: А э́то кто?

Ми́ша: Э́то мои́ роди́тели.

Сежун: Твои́ роди́тели óчень молоды́е!

B Вот наш нóвый дом.

Ми́ша: Вот наш нóвый дом. Здесь живу́т[2)] мои́ роди́тели, стáршая сестрá, млáдший брат и я. А э́то нáша собáка.

Мина: Какóй хорóший дом! Э́то твоя́ кóмната?

Ми́ша: Нет, э́то гости́ная. А ещё на пéрвом этажé[3)] есть столóвая, ку́хня, вáнная и туалéт.

Мина: А что на вторóм этажé[4)]?

Ми́ша: Там спáльни. Моя́ кóмната тóже там. Онá мáленькая, но ую́тная.

---

1) по харáктеру: 성격 면에서

2) живу́т: 동사 жить살다의 현재시제 3인칭 복수형

3) на пéрвом этажé: 1층에

4) на вторóм этажé: 2층에

Дава́йте поговори́м 1

위의 대화를 응용하여 여러분이 러시아의 기숙사에 있다고 가정하고 기숙사 방 안에 어떤 물건들이 있는지 묻고 대답해 봅시다.

Дава́йте поговори́м 2

여러분 가족의 특징과 성향을 친구에게 소개해 보세요.

Дава́йте поговори́м 3

여러분 집(아파트)에 대해 구체적으로 소개해 봅시다.

Основны́е выраже́ния

УРО́К 3을 배우는 동안 주어진 단어들을 사용하여 다음 문형을 연습해 봅시다.

1. А: Вот ва́ше общежи́тие.
   Б : Како́е большо́е зда́ние!

2. А: Како́й оте́ц(па́па) по хара́ктеру?
   Б : Он серьёзный.
   А: Кака́я мать(ма́ма) по хара́ктеру?
   Б : Она́ о́чень весёлая.

〈명사〉

	남성	여성	중성	복수
경자음 어간	га́лстук гара́ж телеви́зор стажёр аспира́нт коре́ец но́мер холоди́льник университе́т го́род шкаф туале́т	кварти́ра у́лица соба́ка ко́шка аспира́нтка коре́янка по́лка	кре́сло ра́дио	часы́ джи́нсы ту́фли роди́тели
연자음 어간	музе́й слова́рь	статья́ семья́ да́ча спа́льня столо́вая* ме́бель крова́ть	общежи́тие	

✎ столо́вая는 형용사 어미를 갖지만 명사로 취급되는데 이는 뒤에 수식되는 ко́мната가 생략되었기 때문입니다. 이 같은 형용사 형태 명사로는 гости́ная거실, ва́нная욕실 등이 있고 이들은 수/격 변화에서 모두 형용사 변화형을 따릅니다.

〈형용사〉

но́вый – ста́рый
молодо́й – ста́рый
высо́кий – ни́зкий
чёрный – бе́лый – кра́сный – си́ний
(не)ску́чный – (не)интере́сный
(не)прия́тный
(не)краси́вый
(не)тру́дный – лёгкий (= просто́й)
бы́стрый – ме́дленный
(не)весёлый – гру́стный
у́мный – глу́пый
большо́й – ма́ленький
хоро́ший – плохо́й
мла́дший – ста́рший

Интона́ция

감탄문의 경우, 의문사 강세음절부터 톤을 올려서 형용사까지 지속하다가 뒷부분에서 내리는 억양으로 발음합니다.

ко́е большо́е зда́
Ка
ние!

ЧТЕ́НИЕ

Но́вые кварти́ры, но́вые сосе́ди

Вот кварти́ра но́мер де́сять. Здесь живу́т Ми́ша Ивано́в, его́ ста́ршая сестра́ А́нна, их роди́тели и соба́ка Бе́лка. Ми́ша студе́нт. Его́ сестра́ А́нна – журнали́стка. Э́то счастли́вая семья́.
А э́то кварти́ра но́мер шесть. Здесь живёт[1] профе́ссор Ю. Его́ и́мя – Мингю. Он коре́ец. Его́ кварти́ра больша́я и све́тлая.
У него́ но́вая ме́бель и хоро́шая бытова́я те́хника[2]. Кре́сло и дива́н росси́йские, а телеви́зор и холоди́льник коре́йские.
А вот студе́нческое общежи́тие. Тут живу́т иностра́нные студе́нты. Ким Сежун – коре́ец. Пак Мина – корея́нка. Они́ стажёры.

1) **живёт** 동사 жить살다의 현재시제 3인칭 단수형
2) **бытова́я те́хника** 가전제품(집합명사)

ГРАММА́ТИКА

1. 러시아어의 격(Case, Паде́ж)

격은 명사가 주어, 목적어 같은 문장 내 기능에 따라 취하는 형태를 말합니다. 예를 들어, He likes Mary와 Mary likes him이라는 영어 문장에서 '그'는 각각 다른 형태(주격: he, 대격: him)로 나타나지요. 그 이유는 두 문장에서 '그'가 가지는 기능이 주어와 목적어로 각각 다르기 때문입니다. 그렇다면 Mary는 어떤가요? Mary는 첫 문장에서 목적어(대격)이고 두 번째 문장에서는 주어(주격)이지만 형태는 동일합니다. 이처럼 영어에서는 격형태 구별이 대명사에만 남아 있고 일반명사에서는 소멸되어 있습니다.

러시아어에는 모두 6개의 격이 있어서 하나의 명사가 문장에서 문법적 기능에 따라 격을 선택해서 가질 수 있답니다. 6개의 격은 주격('-가', 주어), 대격('-를', 직접목적어), 여격('-에게', 간접목적어), 전치격('-에서', 전치사 다음에 나오는 격), 생격('-의', 소유를 나타내는 격), 조격('-로써', 도구)입니다.

러시아어는 격어미 외우기가 어렵지만 이것을 다 익히면 독해는 아주 쉬워진답니다. 격어미로 문법적 기능을 나타내기 때문에 러시아어 어순은 매우 자유로운 편이에요. 가령 영어의 Ivan loves Masha와 Masha loves Ivan은 어순에 따라 반드시 주어와 목적어가 다르게 해석되는 반면, 러시아어의 Ива́н лю́бит Ма́шу, Ма́шу лю́бит Ива́н은 어순이 바뀌어도 격을 나타내는 문법어미가 변하지 않는 한, 문장의 의미가 '이반이 마샤를 사랑한다'로 똑같습니다. 두 문장은 서로 다른 맥락에서 사용되며, 화자의 강조점만 다르게 나타날 뿐 명제적 의미는 동일하답니다.

2. 주격

주격은 가장 기본적인 격으로 사전에는 명사들이 모두 주격 형태로 실려 있습니다. 문장에서 주어와 주어의 보어는 모두 주격으로 표시됩니다. 예를 들어, Джон – америка́нец에서 주어인 Джон과 그 보어인 америка́нец 모두 주격입니다.

3. BE 동사의 현재시제형

러시아어에서 '이다' 혹은 '있다'라는 의미의 BE 동사는 현재시제에서 생략됩니다. "나는 대학생이다"라는 문장은 '나 – 대학생'과 같이 표현됩니다.

Я Ø студе́нт(ка). 나는 대학생이다.

4. 명사의 주격 복수

명사의 주격 복수형은 어간 마지막 자음의 성격에 따라 달라집니다. 남성 및 여성명사는 어간의 경/연음성 여부에 따라 어미 -ы/-и를 취하고 중성명사는 어미 -а/-я를 취합니다. 따라서 주격 명사 복수형은 남성/여성 대 중성의 두 범주로 나누어 볼 수 있습니다.

남성과 여성		
	단수	복수
경자음어간 → **ы**	чемода́н газе́та	чемода́н**ы** газе́т**ы**
연자음어간 → **и**	музе́й слова́рь аудито́рия за́пись	музе́**и*** слова́р**и́** аудито́ри**и** за́пис**и**

중성		
	단수	복수
경자음어간 → **а**	окнó	óкн**а**
연자음어간 → **я**	здáние	здáни**я**

*이 경우에는 마치 й가 사라진 것처럼 보이지만 사실은 연속하는 두 모음 사이에 숨어 있는 것입니다. 연자음 й는 аудитóрия에서처럼 연속하는 두 모음 사이(단, 두 번째 모음이 연자음지표 철자인 경우), статья́, подъéзд처럼 연음부호/경음부호와 모음 사이, 그리고 я́блоко처럼 단어 맨 첫자리에 오는 연자음지표 모음글자 속에 숨어 있습니다.

● 정리하면 다음과 같습니다.

남성/여성 경자음어간 명사	→	**ы**
남성/여성 연자음어간 명사	→	**и**
중성 경자음어간 명사	→	**а**
중성 연자음어간 명사	→	**я**

모음 **ы**, **и**의 차이와 **а**, **я**의 차이는 그 원리가 같습니다. 각 쌍은 본질적으로 하나의 소리를 나타내지만 선행자음이 경자음인지 연자음인지를 표시하는 역할에서만 차이가 납니다. 다시 말해 **ы**, **а**는 선행자음이 경자음임을 표시하고 **и**, **я**는 선행자음이 연자음이라는 것을 표시하지요.

● 따로 기억해야 할 것은 철자법칙과 불규칙 어미, 그리고 강세변동이 오는 경우입니다.

일곱 글자 철자법칙 (кни́ги 철자규칙)

자음철자 К, Г, Х, Ш, Щ, Ж, Ч 다음에는 절대로 **ы**를 쓸 수 없습니다!
언제나 **и**를 쓰세요!

гáлстук → гáлстук**и**
кни́га → кни́г**и**
гарáж → гараж**и́**

● 유의사항

(1) 철자법칙은 발음법칙이 아닙니다. 철자 때문에 발음을 혼동하지 않도록 하세요!

(2) 강세변동: 2음절 중성명사의 경우 복수형에서 강세가 변합니다.

письмó → пи́сьма

окнó → óкна

✎ 예외: крéсло → крéсла

(3) словáрь → словари́ 같은 경우는 강세변동처럼 보이지만 원래 어미 고정강세입니다. 주격 단수형의 경우 어미가 없기 때문에 강세가 어간의 가장 마지막 모음에 오지만 어미가 붙으면 항상 어미에 강세가 나타나지요.

(4) 출몰모음: 남성명사(특히 -ок, -ец로 끝나는 명사) 중에 끝에서 두 번째 위치에 있는 e나 o가 빠지고 복수어미가 붙는 경우가 있으니 주의하세요.

подáрок → подáрки

америкáнец → америкáнцы

(5) 불규칙한 복수어미 -á를 취하는 남성명사

профéссор → профессорá

дирéктор → директорá

гóрод → городá

дом → домá

пáспорт → паспортá

✎ 남성 -á 복수어미는 항상 강세를 가짐.

(6) -о, -и, -у, -е로 끝나는 외래어는 절대로 어미가 변하지 않고 모든 격, 수에서 불변하는 형태를 가진답니다.

рáдио[중성], пальтó[중성], такси́[중성], кенгурý[남성], шимпанзé[남성]

● 정리하면 다음과 같습니다.

단수	복수
студе́нт журна́л кварти́ра ко́мната музе́й слова́рь аудито́рия тетра́дь	студе́нты журна́лы кварти́ры ко́мнаты музе́и словари́ аудито́рии тетра́ди
профе́ссор дом	профессора́ дома́
га́лстук каранда́ш студе́нтка кни́га	га́лстуки карандаши́ студе́нтки кни́ги
письмо́ окно́ заня́тие	пи́сьма о́кна заня́тия

Упражне́ние 1 다음 단어의 복수 형태를 쓰세요.

1. студе́нт ____________
2. исто́рия ____________
3. шко́ла ____________
4. ге́ний천재 ____________
5. журна́л ____________
6. университе́т ____________
7. кни́га ____________
8. окно́ ____________
9. газе́та ____________
10. слова́рь ____________
11. ру́чка ____________
12. фанта́зия ____________
13. блу́зка ____________
14. заня́тие ____________
15. оте́ц ____________

5. 소유형용사의 주격 복수

УРÓК 2에서 우리는 소유형용사의 주격 단수형을 배운 바 있습니다. 이제 소유형용사의 주격 복수형을 알아보도록 합시다. 수식받는 명사의 성에 따라 어미가 달라지는 주격 단수 소유형용사와 달리 주격 복수어미는 수식받는 명사의 성과 상관없이 -и입니다. 그렇지만 '모든'을 뜻하는 **весь / всё / вся**의 경우에는 복수어미가 -е이니 따로 외워 두기 바랍니다.

인칭/수	남성명사 수식	중성명사 수식	여성명사 수식	복수명사 수식
누구의	чей	чьё	чья	**чьи**
나의 너의	мой твой	моё твоё	моя́ твоя́	**мои́** **твои́**
그의 그녀의 그들의	его́ её их			
우리의 너희/당신(들)의	наш ваш	на́ше ва́ше	на́ша ва́ша	**на́ши** **ва́ши**
모든	весь	всё	вся	**все**

✎ 3인칭에서는 명사의 성, 수, 격에 상관없이 언제나 его́, её, их입니다!

Упражне́ние 2 다음 образе́ц와 같이 주어진 어구를 복수형으로 바꾸세요.

Образе́ц: моя́ ру́чка
→ мои́ ру́чки

1. мой дом
2. твоё кре́сло
3. наш го́род
4. её соба́ка
5. на́ше общежи́тие
6. ваш музе́й
7. его́ письмо́
8. чья тетра́дь
9. их зда́ние
10. ва́ша спа́льня

6. 형용사 주격 단수·복수

러시아어 형용사는 그것이 수식하는 명사의 성, 수, 격에 따라 그 어미가 변합니다. 우선 경변화(경자음어간 뒤에서의 어미변화)를 먼저 익힌 다음에 연변화(연자음어간 뒤에서의 어미변화)를 익히도록 합시다.

(1) 연변화를 하는 형용사는 소수입니다. 일단 си́ний푸른와 после́дний마지막의를 알아둡시다.

(2) 경변화에서 남성 단수 어미가 강세 있는 -óй일 때 다른 성, 수, 격에서도 항상 어미에 강세가 옵니다.

(3) 경변화에서 84쪽에 나와 있는 일곱 글자 철자법칙과 다섯 글자 철자법칙이 모두 적용되는 경우(хоро́ший) -ий, -ая, -ее, -ие의 어미를 가질 수 있습니다. 즉 강세 없는 о 대신 е가, ы 대신 и가 와야 합니다.

● 형용사 변화형(주격)

	경변화			연변화
	어간강세	어미강세 (+철자법칙)	철자법칙	
남성	но́вый	молодо́й большо́й плохо́й	хоро́ший ру́сский	си́ний после́дний
여성	но́вая	молода́я больша́я плоха́я	хоро́шая ру́сская	си́няя после́дняя
중성	но́вое	молодо́е большо́е плохо́е	хоро́шее ру́сское	си́нее после́днее
복수	но́вые	молоды́е больши́е плохи́е	хоро́шие ру́сские	си́ние после́дние

✎ cf. 일곱 글자 철자법칙 한 가지만 적용되는 경우
ма́леньк<u>ий</u> – ма́ленькая – ма́ленькое – ма́леньк<u>ие</u>작은

✪ 복습합시다!

일곱 글자 철자법칙(кни́ги 규칙)

К, Г, Х, Ш, Щ, Ж, Ч 다음에 Ы를 쓰지 말고 반드시 И를 써라.

[예] ру́сский, ру́сские, больши́е, хоро́ший, хоро́шие

✪ 익혀둡시다!

다섯 글자 철자법칙(хоро́шее 규칙)

Ш, Щ, Ч, Ц, Ж 다음에 강세 없는 о 대신 е를 써라.

[예] хоро́шее, горя́чее, све́жее

Упражне́ние 3 다음 образе́ц와 같이 질문에 반대로 대답해 보세요.

Образе́ц:	А: Э́то большо́й университе́т? Б: Нет, ма́ленький.

1. Э́то но́вая кварти́ра?
2. Э́то хоро́шая ме́бель?
3. Э́то кра́сная ру́чка?
4. Э́то плохо́е ра́дио?
5. Э́то глу́пый аспира́нт?
6. Э́то тру́дный уро́к?
7. Э́то ма́ленькое общежи́тие?
8. Э́то ста́рая у́лица?
9. Э́то бе́лые ту́фли?
10. Э́то ста́рший брат?

Упражнéние 4 괄호 안의 소유형용사와 형용사를 피수식명사를 고려하여 알맞은 형태로 고치고 또 전체 표현을 복수형으로 고쳐 보세요.

1. (мой нóвый) кни́га
2. (высóкий) дом
3. (краси́вый) студéнтка
4. (стáрый) карандáш
5. (наш мáленький) окнó
6. (большóй) здáние
7. (твой си́ний) рýчка
8. (егó хорóший) словáрь
9. (интерéсный) истóрия
10. (стáрый) ýлица
11. (их рýсский) профéссор
12. (весёлый) американец
13. (бéлый) тетрáдь
14. (плохóй) собáка
15. (чёрный) кóшка

Упражнéние 5 빈칸에 알맞은 어미를 넣고 해당 어구가 무슨 뜻인지 알아보세요.

1. москóвск____ университéт
2. корéйск___ телеви́зор
3. нóв_____ кварти́ра
4. хорóш____ газéта
5. рýсск____ рáдио
6. вáш___ окнó
7. больш___ теáтр
8. больши́е кýхн___
9. мáленькие ýлиц___
10. краси́вые музé____
11. мо__ словáрь
12. нáш__ кóмната
13. хорóш__ студéнты
14. стáр__ здáния
15. мо__ нóв__ кровáть

7. 의문대명사 ЧТО와 의문형용사 КАКÓЙ

что무엇는 의문대명사로서 단독으로 사용되는 데 반해, какóй어떤는 의문형용사로서 수식받는 명사를 동반합니다.

남성 단수	какóй
여성 단수	какáя
중성 단수	какóе
복수	какúе

의문형용사 какóй, какáя, какóе, какúе는 의문문과 감탄문 모두에 쓰일 수 있습니다.

의문문: – Какóй он по харáктеру? – Он весёлый.
감탄문: – Какáя красúвая кóмната!

✪ 비교해 보세요!

Что там? vs. **Какáя** кнúга там?

Упражнéние 6 다음 образéц를 참고하여 밑줄 친 내용에 대해 묻는 질문을 만드세요.

Образéц: Э́то новая машúна.
→ Какáя э́то машúна?

1. Э́то америкáнский телевúзор.
2. Э́то большáя квартúра.
3. Э́то рýсская кнúга.
4. Э́то красúвое крéсло.

5. Э́то ру́сские студе́нты.
6. Э́то но́вые джи́нсы.
7. Э́то Моско́вский университе́т.
8. Э́то америка́нская фами́лия.
9. Э́то ру́сское и́мя.
10. Э́то но́вое общежи́тие.

Упражне́ние 7 빈칸에 적절한 형태의 의문사를 써서 문장을 완성하세요.

1. 이것은 무슨 책입니까? __________ э́то кни́га?
2. 그건 누구의 책입니까? __________ э́то кни́га?
3. 여기에 무슨 사전들이 있나요? __________ словари́ здесь?
4. 여기에 누구의 사전들이 있나요? __________ словари́ здесь?
5. 거기 있는 게 무엇입니까? __________ там?
6. 그분은 누구입니까? __________ э́то?
7. 그것은 무슨 서류입니까? __________ э́то докуме́нты?
8. 그것은 누구의 서류입니까? __________ э́то докуме́нты?
9. 어디에 당신의 책이 있습니까? __________ ва́ша кни́га?
10. 누가 당신의 선생님입니까? __________ ваш преподава́тель?

Упражне́ние 8 다음을 러시아어로 옮겨 보세요.

1. 어떤 대학들이 여기에 있습니까?
2. 참으로 아름다운 집이네요!
3. 당신의 어머니는 성격 면에서 어떠십니까?
4. 정말 큰 건물이군요!
5. 참으로 작은 펜이군요!

8. 소유에 관한 표현

러시아어로 '누가(A) 무엇(B)을 가지고 있다'라는 표현은 '누구(A)에게 무엇(B)이 있다'라는 식으로 표현됩니다. 이러한 방식은 HAVE 동사를 쓰는 영어와는 다르지만 '누구에게/누구는 무엇이 있다'와 같은 우리말 표현과는 매우 유사합니다. 소유되는 물건(B)은 주격으로, 소유하는 사람(A)은 주격이 아닌 생격으로 전치사 у 뒤에 옵니다. 생격은 아직 배우지 않은 격이지만 인칭대명사의 경우 대격과 형태가 동일합니다. 인칭대명사 대격은 이미 이름을 묻는 표현에서 배웠습니다.

у	+	меня́ тебя́ нас вас	+	ЕСТЬ	+	телеви́зор.
		생격(대)명사				주격명사

Упражне́ние 9 다음 항목이 서로에게 있는지 묻고 긍정문으로 답해 봅시다.

1. ру́сский слова́рь
2. де́душка
3. ру́чка
4. ба́бушка
5. сестра́
6. заня́тие
7. дя́дя и тётя
8. ко́шка
9. соба́ка
10. тетра́дь

9. 접속사 И/А/НО

(1) 접속사 и는 공통적 요소를 강조하며 가장 보편적으로 쓰이는 접속사로서, 인과적 논리관계에서 자연스러운 상황이나 사건을 연결할 때 사용됩니다.

(2) 접속사 а는 영어의 'and' 혹은 'but'으로 번역이 가능한 다소 이중적인 접속사입니다. '그러면', '그런데', '그리고', '-인 반면' 등 여러 가지로 번역이 가능한데 가장 중심적인 의미는 '대조'입니다. 이 접속사는 대화에서 화제를 전환할

때에도 종종 사용됩니다.

(3) 접속사 но는 '-지만'의 의미를 가지며 어떤 상황이나 사건이 논리적·상식적 기대에 반하여 일어날 경우 사용됩니다.

Я студе́нт, **и** Сежун студе́нт.
Сежун студе́нт, **а** О́льга Петро́вна профе́ссор.
Меня́ зову́т Мина. **А** тебя́ как зову́т?
Кварти́ра ма́ленькая, **но** ую́тная.

✎ '또는'을 뜻하는 и́ли도 기억해 둡시다!

10. 수사(1-20)

• 기수

0	ноль, нуль		
1	оди́н / одна́ / одно́ / одни́	11	оди́ннадцать
2	два / две	12	двена́дцать
3	три	13	трина́дцать
4	четы́ре	14	четы́рнадцать
5	пять	15	пятна́дцать
6	шесть	16	шестна́дцать
7	семь	17	семна́дцать
8	во́семь	18	восемна́дцать
9	де́вять	19	девятна́дцать
10	де́сять	20	два́дцать

✎ одни́: 복수로만 쓰이는 명사와 함께 사용됩니다.
два+남성 및 중성명사; две+여성명사

• 서수

첫 번째의	пéрвый(-ая, -ое, -ые)
두 번째의	вторóй(-áя, -óе, -ы́е)
세 번째의	трéтий(-ья, -ье, -ьи)
네 번째의	четвёртый(-ая, -ое, -ые)
다섯 번째의	пя́тый(-ая, -ое, -ые)
여섯 번째의	шестóй(-áя, -óе, -ы́е)
일곱 번째의	седьмóй(-áя, -óе, -ы́е)
여덟 번째의	восьмóй(-áя, -óе, -ы́е)
아홉 번째의	девя́тый(-ая, -ое, -ые)
열 번째의	деся́тый(-ая, -ое, -ые)
열한 번째의	оди́ннадцатый(-ая, -ое, -ые)
열두 번째의	двенáдцатый(-ая, -ое, -ые)

✎ трéтий 서수 형용사는 남성 단수에서만 어미에 모음 и가 삽입되고(-ий) 나머지 경우에는 연음부호 ь가 사용됩니다(-ья, -ье, -ьи).

러시아식 카니발 МА́СЛЕНИЦА

버터(ма́сло)라는 단어의 어원을 갖는 마슬레니차는 사순절(Вели́кий пост) 전 일주일 동안의 이교도식 축제기간입니다. 이는 수확과 관련되는 태양과 온기에 대한 경배의 축제랍니다. 캠프파이어, 폭식, 썰매(삼두마차) 타기, 팬케이크인 블린(блины́), 과식 등 무절제와 해방으로 상징되는 카니발로서 서구의 마디그라(Mardi Gras)와 비교될 만합니다. 불[火]과 과식은 이 축제의 상징으로서 다가올 사순의 금욕과 대조되고 비록 이 마슬레니차가 부활절 일정에 따라 변하기는 하지만 이는 다가올 봄의 태양을 맞는 이교도식 축제란 점에 주목해야 합니다. 블린을 먹는 것은 이것이 태양의 둥근 모양을 닮았기 때문이라는 점도 알아 둡시다!

Б. М. Кусто́диев(1878-1927)의 〈Масленица〉(1919)

러시아 문학과 예술

러시아 문학은 우리나라 사람과 세계인의 꾸준한 사랑을 받아온 세계문학의 주요 줄기라고 할 수 있습니다. 우리나라에서는 특히 사실주의 작가인 Фёдор Михáйлович Достоéвский의 『죄와 벌』(Преступлéние и наказáние), 『까라마조프 형제들』(Брáтья Карамáзовы), 혹은 Лев Николáевич Толстóй의 『전쟁과 평화』(Войнá и мир), 『안나 카레니나』(Áнна Карéнина), 『부활』(Воскресéние) 등이 널리 읽히고 있지요. 그렇지만 러시아인이 가장 사랑하는 작가이자 시인은 『벨킨 이야기』(Пóвести покóйного Ивáна Петрóвича Бéлкина), 『예브게니 오네긴』(Евгéний Онéгин) 등을 쓴 Алексáндр Сергéевич Пýшкин이라고 할 수 있답니다.

러시아인들은 클래식 음악과 발레, 연극 애호가로 유명합니다. 러시아 사람들은 긴긴 겨울밤 음악회나 오페라 극장에서 공연 관람하는 것을 매우 좋아합니다. 잘 알려져 있다시피 러시아 출신의 수많은 작곡가의 작품이 세계 곳곳에서 사랑받고 있지요. 러시아에서 관람할 수 있는 러시아 작품에는 어떤 것들이 있을까요? 모스크바의 Большóй теáтр에서 Большóй 발레단이 공연하는 Пётр Ильи́ч Чайкóвский의 발레 「백조의 호수」(Лебеди́ное óзеро), 「호두까기 인형」(Щелкýнчик), 「예브게니 오네긴」(Евгéний Онéгин)을 보거나 Большóй 오페라단이 선사하는 Модéст Петрóвич Мýсоргский의 오페라 「보리스 고두노프」(Борúс Годунóв) 혹은 Сергéй Сергéевич Прокóфьев의 「신데렐라」(Зóлушка), 「로미오와 줄리엣」(Ромéо и Джульéтта)을 관람할 수 있지요. 한편 Москóвская консерватóрия에서는 Сергéй Васúльевич Рахмáнинов의 피아노 협주곡과 Николáй Андрéевич Рúмский-Кóрсаков와 Пётр Ильúч Чайкóвский의 교향곡을 들을 수 있습니다.

러시아인은 자문화에 대한 사랑과 자부심이 강하고 문화, 예술에 대한 열정과 관심이 큽니다. 생활형편에 비해 과도한 문화비용을 지출하는 편인데 공연예술 관람료가 평균소득수준에 비해 비싼데도 우리나라 사람들과 비교하여 훨씬 자주 가는 편이에요. 극장에는 보통 옷보관실(гардерóб)이 있고 음식을 갖고 들어가거나 공연 중간에 자리를 뜨는 것, 기침하는 것, 더욱이 환호하기 위한 휘파람은 금기입니다.

НÓВЫЕ СЛОВÁ

단어	품사	의미
давáй	동사	–하자(청유)
есть	동사	있다
живёт / живýт	동사	жить살다의 3인칭 단수 / 복수형
посмóтрим	동사	посмотрéть보다의 1인칭 복수형
америкáнец / америкáнка	명사	미국인(남 / 여)
вáнная	명사(형용사형)	욕실
гарáж	명사	차고
гéний	명사	천재
гóрод	명사	도시
гостúная	명사(형용사형)	거실
дивáн	명사	소파
дирéктор	명사	감독, 부장, 책임자
журналúст / -ка	명사	기자, 언론인(남 / 여)
истóрия	명사	역사, 이야기
квартúра	명사	아파트
корéец / корея́нка	명사	한국인(남 / 여)
кóшка	명사	고양이
крéсло	명사	안락의자
кровáть	명사(여성)	침대
мéбель	명사(여성)	가구(집합명사)
нóмер	명사	번호
общежúтие	명사	기숙사
падéж	명사	격(문법)
пáспорт	명사	여권
подáрок	명사	선물

단어	품사	의미
подъе́зд	명사	도착, 현관 입구
по́лка	명사	선반
роди́тели	명사	부모님(항상 복수)
семья́	명사	가족
соба́ка	명사	개
сосе́д/-ка	명사	이웃(남/여)
спа́льня	명사	침실
стажёр	명사	교환학생, 연수생
статья́	명사	(신문, 잡지의) 기사, 논문
столо́вая	명사(형용사형)	식당
теа́тр	명사	극장
телеви́зор	명사	텔레비전
туале́т	명사	화장실
у́лица	명사	거리
университе́т	명사	대학교
фанта́зия	명사	판타지
хара́ктер	명사	성격
холоди́льник	명사	냉장고
чте́ние	명사	독서, 읽기
шкаф	명사	책장, 옷장
шко́ла	명사	학교(초 · 중 · 고)
эта́ж	명사	층
я́блоко	명사	사과
вон	부사	밖으로, 저편에
ещё	부사	아직, 더
коне́чно	부사	물론

단어	품사	의미
та́кже	부사	또한
то́же	부사	또한
а	접속사	그런데, 그렇지만
и́ли	접속사	또는
но	접속사	그러나
акти́вный	형용사	활발한, 능동적인
бе́лый	형용사	하얀
большо́й	형용사	큰
бы́стрый	형용사	빠른
весёлый	형용사	명랑한
второ́й	형용사	두 번째의
высо́кий	형용사	높은, 키가 큰
глу́пый	형용사	멍청한
гру́стный	형용사	서글픈, 우울한
иностра́нный	형용사	외국의
интере́сный	형용사	재미있는
како́й	(의문)형용사	어떤
кни́жный	형용사	책의
коре́йский	형용사	한국의
краси́вый	형용사	아름다운
кра́сный	형용사	붉은
лёгкий	형용사	쉬운, 가벼운
ма́ленький	형용사	작은
ме́дленный	형용사	느린
мла́дший	형용사	손아래의
мо́дный	형용사	유행에 맞는
молодо́й	형용사	젊은
моско́вский	형용사	모스크바의
ни́зкий	형용사	낮은
но́вый	형용사	새로운
пе́рвый	형용사	첫 번째의

단어	품사	의미
плохóй	형용사	나쁜
послéдний	형용사	마지막의
приятный	형용사	쾌적한, 기분 좋은
простóй	형용사	쉬운, 단순한, 소박한
росси́йский	형용사	러시아 국가의
рýсский	형용사/명사	러시아의/러시아 사람(남자)
свéтлый	형용사	밝은
серьёзный	형용사	진중한, 심각한
си́ний	형용사	파란
скýчный	형용사	심심한, 지루한
стáрший	형용사	손위의
стáрый	형용사	낡은, 늙은
студéнческий	형용사	학생의
счастли́вый	형용사	행복한
трýдный	형용사	어려운
ýмный	형용사	영리한
уютный	형용사	편안한, 안락한, 아늑한
хорóший	형용사	좋은
чёрный	형용사	검은

УРО́К 4

ДАВА́ЙТЕ ПОЗНАКО́МИМСЯ!

ДИАЛО́ГИ

A Я рабо́таю в аге́нтстве《ИТАР-ТАСС》.

Мина: Дава́йте познако́мимся. Меня́ зову́т Пак Мина. А вас как зову́т?

А́нна : Меня́ зову́т А́нна. О́чень прия́тно.

Мина: Мне то́же о́чень прия́тно. А́нна, вы здесь живёте?

А́нна: Да, я живу́ в Москве́.

Мина: Вы аспира́нтка?

А́нна: Нет, я журнали́стка. Я рабо́таю в аге́нтстве «ИТАР-ТАСС».

Б Дава́йте познако́мимся.

Оте́ц: Дава́йте познако́мимся. Мы Ивано́вы. Я Никола́й Петро́вич. Э́то моя́ жена́ Ната́лия Евге́ньевна. А э́то наш сын Ми́ша.

Ми́ша: Михаи́л.

Профе́ссор: Я – Ю Мингю. Я профе́ссор. Э́то мой студе́нт

	Сежун. Мы коре́йцы.
Ми́ша:	Зна́чит, вы говори́те и по-коре́йски, и по-ру́сски?
Сежун:	Да. Я говорю́ по-ру́сски не о́чень хорошо́, зато́ непло́хо чита́ю.
Ми́ша:	Познако́мьтесь. Э́то моя́ сестра́ А́нна. Она́ журнали́стка и рабо́тает в аге́нтстве «ИТАР-ТАСС».
А́нна:	О́чень прия́тно познако́миться с ва́ми[1]. Каки́е у нас хоро́шие сосе́ди[2]!

Дава́йте поговори́м 1

위 대화를 참조하여 Ми́ша의 가족이 어떻게 구성되어 있는지 말해 보세요. 또 여러분 가족의 가계도를 그려 보세요.

де́душка – ба́бушка	дя́дя – тётя
оте́ц(па́па) – мать(ма́ма)	сын – дочь
брат – сестра́	внук – вну́чка

1) с ва́ми: 당신들과; с는 조격을 취하는 전치사이며 ва́ми는 вы의 조격 형태임.
2) сосе́ди: сосе́д의 복수형으로 불규칙 형태임.

Давáйте поговори́м 2

여러분의 가족은 어떻게 구성되어 있나요? 여러분의 가족 사진(**фотогрáфия**)을 보여 주면서 소개해 보세요.

Образéц: Э́то мои́ роди́тели. Вот моя́ мать. Её зову́т Натáлия Евгéньевна. Онá рабóтает на пóчте. А вот мой отéц. Его́ зову́т Николáй Петрóвич. Он учи́тель. А э́то моя́ сестрá А́нна....

Основны́е выражéния

УРÓК 4를 배우는 동안 주어진 표현들을 사용하여 다음 문형을 연습해 봅시다.

1. Давáйте познакóмимся!
2. А: Где онá?
   Б: Онá на лéкции.
3. А: Где вы живёте?
   Б: Я живу́ в Москвé.
4. А: О чём ты пи́шешь?
   Б: Я пишу́ о нáшей семьé.
5. А: Каки́е языки́ вы знáете?
   Б: Я хорошó говорю́ по-ру́сски и немнóго понимáю по-япóнски.

〈동사〉

1식: жить, чита́ть, понима́ть, писа́ть, рабо́тать, знать, ду́мать, изуча́ть

2식: говори́ть, люби́ть

〈명사〉

	남성	여성	중성
경자음 어간	магази́н институ́т рестора́н лес сад пол эта́ж бале́т конце́рт стадио́н семина́р курс уче́бник факульте́т язы́к сын друг пена́л	библиоте́ка фи́рма больни́ца су́мка рабо́та по́чта дискоте́ка ка́федра фа́брика	кино́(불변)
연자음 어간	кафете́рий	фотогра́фия ле́кция компа́ния	
		дочь	

ЧТЕ́НИЕ

Вот А́нна. А́нна ру́сская. Она́ живёт в Москве́ и рабо́тает в аге́нтстве «ИТАР-ТАСС». А́нна журнали́стка. Она́ сейча́с пи́шет статью́. О чём? О Москве́, об э́том интере́сном го́роде.
Она́ лю́бит свой[1)] го́род, поэ́тому ча́сто ду́мает и пи́шет о нём.

А э́то Ива́н Петро́вич. Он ру́сский, но живёт в Коре́е.
Ива́н Петро́вич преподава́тель в Сеу́льском госуда́рственном университе́те. Его́ родно́й язы́к – ру́сский. Ива́н Петро́вич та́кже хорошо́ зна́ет англи́йский язы́к. Он непло́хо чита́ет по-коре́йски, но говори́т и пи́шет ещё с трудо́м.
Коре́йский язы́к – о́чень тру́дный!

---

1) '자기자신의'를 뜻하는 재귀형용사로 свой, своя, своё, свои를 사용합니다.

ГРАММА́ТИКА

1. Э́ТО와 Э́ТОТ / Э́ТА / Э́ТО / Э́ТИ

'이것(들)은 -이다'라는 의미로 사용되는 지시대명사 э́то는 뒤에 나오는 명사의 성, 수에 상관없이 불변하는 형태를 지닙니다. 반면, '이(this)'라는 의미의 지시형용사 э́тот / э́та / э́то / э́ти는 수식받는 명사의 성, 수, 격과 일치합니다.

불변하는 Э́ТО	vs.	э́тот чемода́н
		э́та кни́га
		э́то письмо́
		э́ти чемода́ны / кни́ги / пи́сьма / джи́нсы

Э́то мой чемода́н. 이것은 나의 여행가방이다.
Э́тот чемода́н мой. 이 여행가방은 나의 것이다.

가까운 거리를 지시하는 э́тот, э́та, э́то, э́ти와 대조적으로 먼 거리에 있는 사물이나 사람을 가리키는 지시형용사는 тот, та, то, те임에 유의하세요.

э́тот, э́та, э́то, э́ти vs. тот, та, то, те

● 지시형용사 주격

э́тот	тот	чемода́н
э́та	та	кни́га
э́то	то	письмо́
э́ти	те	студе́нты

Упражне́ние 1 다음을 러시아어로 작문해 보세요.

1. 이 책은 나의 것이다.
2. 이것은 나의 책이다.
3. 저 책상은 너의 것이다.
4. 이 시계는 그녀의 것이다.
5. 이것은 그녀의 시계다.
6. 이것은 당신의 사전이다.
7. 이 사전은 나의 것이다.
8. 저 노트는 그의 것이다.
9. 저 청바지는 내 것이다.
10. 이것은 내 청바지다.

2. 전치격 단수와 복수

러시아어 6개의 격 가운데 주격 다음으로 익히기 쉬운 격은 전치격입니다. 주격이 전치사를 동반하는 것이 불가능한 유일한 격이라면 전치격은 이와 상반되게 전치사를 반드시 동반하기 때문에 전치격으로 불립니다. 따라서 전치격은 전치사와 같이 읽으면서 외워두는 게 좋습니다. 발음할 때 전치사와 명사는 하나의 음성단위가 된다는 점 역시 기억합시다! 가령 전치사 **в**를 사용할 경우 **в кинó** [**фкинó**]라고 발음되는데 이는 마치 하나의 단어처럼 무성동화가 적용되기 때문이지요.

2.1. 명사의 전치격 단수

주격	전치격	어미
Санкт-Петербу́рг слова́рь музе́й Москва́ Коре́я	в Санкт-Петербу́рг**е** в словар**е́** в музе́**е*** в Москв**е́** в Коре́**е**	자음 → +**е** 모음 → (모음 빼고)+**е**

주격	전치격	어미
тетрáдь Сибúрь	в тетрáди в Сибúри	연음부호 여성 → (연음부호 빼고)+и
кафетéрий Россúя общежúтие	в кафетéрии в Россúи в общежúтии	-ий -ия -ие → -ии
몇몇 남성명사들	в лесý в садý на полý в/на шкафý	+-ý (장소 의미: 항상 어미강세)
Бакý Сан-Францúско Цинциннáти	в Бакý в Сан-Францúско в Цинциннáти	-о, -и, -у로 끝나는 외래어는 모든 격에서 불변

* УРÓК 3에서 언급한 대로, музéе에서 й는 탈락된 것이 아니라 연속하는 두 모음 사이에 숨어 있습니다. 그렇지만 철자상으로는 й를 없애고 -е를 써넣어야 하겠지요.

전치사 в–안에 외에도 на–위에, о(б)–에 대해 다음에 오는 명사에 전치격이 사용됩니다. 전치사 о의 경우, 뒤에 오는 단어가 모음으로 시작하면 об가 됩니다. я, е, ё, ю가 뒤에 오는 단어의 첫 글자라면 해당사항이 없습니다. 왜냐하면 이 글자들은 실제로 {j+a}, {j+e}, {j+o}, {j+u}를 나타내므로 첫 소리가 [j]이기 때문입니다.

об Ивáне　　cf. о языкé, о Евгéнии

전치사 뒤에 오는 단어 처음에 в나 ф가 오고 다음에 곧바로 자음이 오는 경우에는 전치사 в 대신 во를 씁니다. 단, в фáйле의 경우 그대로 в가 됩니다.

во Флорúде, во Фрáнции, во Владивостóке

통칭명사, 가령 штат, гóрод 다음에 고유명사가 오는 경우 전자만 전치격으로 하고 뒤에 오는 고유명사를 주격으로 남겨 둡니다.

Я живý в штáте Калифóрния.(=Я живý в Калифóрнии.)
Я живý в гóроде Нью-Йóрк.(=Я живý в Нью-Йóрке.)

명사 пода́рок은 끝에서 두 번째 모음이 '출몰모음'이어서 전치격이 пода́рке가 됩니다. 주격 단수를 제외한 모든 격/수에서 모음이 사라진답니다.

Упражне́ние 2 전치사 뒤에 오는 괄호 안 명사를 전치격 형태로 바꾸고 전치사구 전체의 뜻을 써봅시다.

1. в (ко́мната)
2. в (го́род)
3. об (Ива́н)
4. на (крова́ть)
5. об (Андре́й)
6. на (пол)
7. в (Росси́я)
8. о (Ма́ша)
9. в (рестора́н)
10. в (зда́ние)

2.2. 소유형용사·지시형용사류의 전치격 단수

남성/중성 주격 단수	남성/중성 전치격 단수	여성 주격 단수	여성 전치격 단수
мой / моё	моём	моя́	мое́й
твой / твоё	твоём	твоя́	твое́й
	его́ её их		
наш / на́ше	на́шем	на́ша	на́шей
ваш / ва́ше	ва́шем	ва́ша	ва́шей
чей / чьё	чьём	чья	чьей
э́тот / э́то тот / то	э́том том	э́та та	э́той той
весь / всё	всём	вся	всей
тре́тий / тре́тье	тре́тьем	тре́тья	тре́тьей

✎ 외워 둡시다! об э́том: 이것에 대해

Упражне́ние 3 주어진 표현을 사용하여 образе́ц와 같이 대화를 만드세요.

Образе́ц: А: Где моя́ сестра́?
Б: Она́ в ко́мнате.

1. оте́ц, сад
2. каранда́ш, ва́ша фотогра́фия
3. профе́ссор, э́та аудито́рия
4. па́спорт, мой стол
5. ма́ма, на́ша ку́хня
6. кни́га, твой шкаф
7. учё́бник, твоя́ су́мка
8. О́льга, конце́рт
9. су́мка, его́ крова́ть
10. ру́чка, её пена́л

2.3. 형용사의 전치격 단수

경변화 형용사의 전치격에서는 -ом, -ой가, 연변화 형용사의 전치격에서는 -ем, -ей 어미가 사용됩니다.

	형용사	어미	명사	어미
남성/중성 단수	но́в**ом**	**-ом**	чемода́н**е** письм**е́**	**-е**
	после́дн**ем**	**-ем**		
여성 단수	но́в**ой**	**-ой**	кварти́р**е**	
	после́дн**ей**	**-ей**		

2.4. 인칭대명사의 전치격

주격	я	ты	он оно́	она́	мы	вы	они́	кто	что
전치사 о + 전치격	(обо) мне	тебе́	нём	ней	нас	вас	них	ком	чём

✎ 3인칭 전치격 대명사 앞에 н이 첨가되는 것에 유의하세요.

2.5. 형용사와 명사의 전치격 복수

복수 격변화에서는 일반적으로 성 구별이 없어져서 단수보다 어미가 훨씬 간단합니다. 경/연변화에 따라 형용사의 전치격 복수는 -ых/-их, 명사 전치격 복수는 -ах/-ях입니다. -о, -и, -у 어미를 가진 외래어 명사의 전치격 복수는 역시 불변입니다.

주격	형용사	어미	명사	어미
경변화	но́в**ых**	**-ых**	студе́нт**ах** пи́сьм**ах** газе́т**ах**	**-ах**
연변화	после́дн**их**	**-их**	словар**я́х** общежи́ти**ях** тетра́д**ях**	**-ях**

2.6. 소유형용사·지시형용사류의 전치격 복수

주격 복수	전치격 복수
мой	мо**и́х**
твой	тво**и́х**
его́, её, их	
на́ши	на́ш**их**
ва́ши	ва́ш**их**
чьи	чь**их**
э́ти те	э́т**их** т**ех**
все	вс**ех**
тре́тьи	тре́ть**их**

Упражнéние 4 다음 образéц와 같이 주어진 소유형용사 및 형용사와 전치사를 사용하여 질문에 답해 봅시다.

Образéц:	А: Где лáмпа? (мой стáрый стол) Б: Онá на моём стáром столé.

1. Где моя́ тетрáдь? (в, твой стáрый рюкзáк)
2. Где мои́ часы́? (в, твоя́ мáленькая сýмка)
3. Где Ми́ша? (в, та большáя больни́ца)
4. Где твоя́ мáма? (в, корéйский магази́н)
5. Где твоё пальтó? (в, тот большóй шкаф)
6. Где рýсский словáрь? (на, егó си́няя пóлка)
7. Где карандáш? (на, твои́ стáрые пи́сьма)
8. Где Натáша? (на, пéрвый этáж)
9. Где Ивáн и Ми́ша? (в, наш краси́вый сад)
10. Где Áнна и Сáша? (на, та скýчная лéкция)

3. 전치사 B와 HA

우리는 앞서 명사의 전치격을 배웠습니다. 전치사 в 외에 전치격을 취하는 주요 전치사로 на가 있는데 이 전치사를 취하는 명사는 의미적으로 활동이나 열린 공간을 나타내는 경우가 많습니다. 또한 운송수단, 악기, 관용적인 용법 등 여러 가지 경우에 на를 사용합니다. 기본적으로 이 전치사를 요구하는 명사를 외우는 수밖에요! 지금은 '-위에, -에'와 같은 뜻으로만 알아둡시다.

на столé / этажé / ýлице / фотогрáфии
на рабóте / пóчте / балéте / концéрте / стадиóне / дискотéке

그 밖에 학교와 관련된 단어 가운데 사람들의 활동과 연관된 추상명사, 가령 수업(лéкция, заня́тие, урóк), 세미나(семинáр), 학년(курс), 학과(отделéние),

학부(факультéт) 등은 모두 전치사 на를 취합니다. 그렇지만 실제 장소인 университéт와 аудитóрия대형 강의실 등은 в를 취하지요.

Упражнéние 5 다음 명사에 알맞은 전치사와 전치격 단수/복수를 사용하여 전치사구를 만들어 보세요.

1. этáж
2. университéт
3. гóрод
4. кафетéрий
5. общежи́тие
6. пóчта
7. балéт
8. аудитóрия
9. музéй
10. стадиóн

4. 러시아어 동사의 활용

러시아어 동사는 명사나 형용사와 마찬가지로 어간과 어미로 구성됩니다. 명사나 형용사 어미의 성, 수, 격에 따른 변화를 '격변화'라 한다면, 동사 어미의 변화는 인칭과 수, 성에 따른 변화로 이를 동사의 '활용'이라 부릅니다.

예를 들어 동사 **читáть**읽다는 '내'가 읽을 경우 **читáю**(1인칭 단수 я가 주어), '네'가 읽는다고 할 때는 **читáешь**(2인칭 단수 ты가 주어), '너희들', '당신(들)'이 읽는다고 말할 때 **читáете**(2인칭 복수 혹은 존칭형 вы가 주어), '그 남자(여자)'가 읽는다고 말할 때 **читáет**(3인칭 단수 он/онá가 주어), '우리들'이 읽는다고 할 때 **читáем**(1인칭 복수 мы가 주어), '그들'이 읽는다고 할 때 **читáют**(3인칭 복수 они́가 주어)가 됩니다.

사전에 실린 동사들은 원형 **читáть**을 취하는데 주로 어미 -ть(드물게 -ти)로 끝납니다. 동사원형은 영어의 to 부정사와 마찬가지로 여러 가지 용법이 있습니다. 그 중 하나가 동사의 목적어로 사용되는 경우로, 가령 "나는 읽는 것을 좋아한다"라는 문장은 **я люблю́ читáть**입니다.

4.1. 1식 활용

러시아어의 동사활용에는 1식과 2식 두 가지 양식이 있으며, 각 동사는 둘 중 하나의 활용 방식을 취합니다. 1식 활용 동사는 원형이 주로 -ать로 끝나며 어간에 강세가 오는 경우가 많습니다. 대다수의 러시아어 동사가 여기에 속합니다. 다음 표에 나와 있는 동사 знать와 ду́мать의 활용 양식을 참조하세요.

	знать 알다	**ду́мать** 생각하다	어미
я	зна́**ю**	ду́ма**ю**	**-ю**
ты	зна́**ешь**	ду́ма**ешь**	**-ешь**
он / она́	зна́**ет**	ду́ма**ет**	**-ет**
мы	зна́**ем**	ду́ма**ем**	**-ем**
вы	зна́**ете**	ду́ма**ете**	**-ете**
они́	зна́**ют**	ду́ма**ют**	**-ют**

1식 활용 동사 중에는 писа́ть, жить 등 자음어간을 갖는 동사들이 있습니다. 이들은 -ю, -ют 대신 -у, -ут를 씁니다. 이러한 동사들은 모든 인칭형에서 자음변화가 일어날 수 있음에 유의하세요. жить의 경우 어미의 е가 ё로 바뀌며 писа́ть의 경우 강세위치가 변합니다.

	жить 살다	**писа́ть** 쓰다	**чита́ть** 읽다
я	жив**у́**	пиш**у́**	чита́**ю**
ты	жив**ёшь**	пи́ш**ешь**	чита́**ешь**
он / она́	жив**ёт**	пи́ш**ет**	чита́**ет**
мы	жив**ём**	пи́ш**ем**	чита́**ем**
вы	жив**ёте**	пи́ш**ете**	чита́**ете**
они́	жив**у́т**	пи́ш**ут**	чита́**ют**

	понима́ть 이해하다	**рабо́тать** 일하다	**де́лать** 하다
я	понима́**ю**	рабо́та**ю**	де́ла**ю**
ты	понима́**ешь**	рабо́та**ешь**	де́ла**ешь**
он / она́	понима́**ет**	рабо́та**ет**	де́ла**ет**
мы	понима́**ем**	рабо́та**ем**	де́ла**ем**
вы	понима́**ете**	рабо́та**ете**	де́ла**ете**
они́	понима́**ют**	рабо́та**ют**	де́ла**ют**

Упражне́ние 6 다음 образе́ц와 같이 사람들이 어디에 사는지 쓰세요.

> Образе́ц: Ка́тя – но́вый дом
> → Ка́тя живёт в но́вом до́ме.

1. А́нна – большо́е общежи́тие
2. ты – краси́вая кварти́ра
3. она́ – хоро́ший дом
4. Михаи́л – ста́рый дом
5. мы – высо́кое зда́ние
6. вы – но́вая кварти́ра
7. Ле́на и Же́ня – ую́тная ко́мната
8. Мои́ роди́тели – краси́вый го́род
9. я – хоро́шая кварти́ра
10. Вади́м – больша́я кварти́ра

4.2. 2식 활용

동사의 2식 활용형은 다음의 говори́ть처럼 변화합니다. 2식 활용 동사들은 1식 활용 동사에 비해 소수이며 동사의 원형은 주로 -ить로 끝납니다.

	говори́ть 말하다	어미
я	говор**ю́**	**-ю**
ты	говор**и́шь**	**-ишь**
он / она́	говор**и́т**	**-ит**
мы	говор**и́м**	**-им**
вы	говор**и́те**	**-ите**
они́	говор**я́т**	**-ят**

Упражне́ние 7 동사 говори́ть를 올바른 형태로 활용하세요.

1. А: Вы ________________ по-ру́сски?
   Б: Да, ________________ немно́го.
2. Ты ________________ по-неме́цки?
3. До́ма мы ________________ по-англи́йски.
4. Ру́сский президе́нт не ________________ по-англи́йски.
5. Америка́нский президе́нт не ________________ по-ру́сски.

유용한 2식 활용 동사를 하나 더 배워 봅시다. 여러분이 제일 좋아하는 '사랑하다'란 의미의 동사입니다! 자음변화(б → бл)가 1인칭 단수형에서 일어나고 강세의 변동이 있다는 점에 유의하면 어미 자체는 говори́ть와 다를 것이 없습니다.

	люби́ть 사랑하다	어미
я	лю<u>бл</u>**ю́**	**-ю**
ты	лю́б**ишь**	**-ишь**
он / она́	лю́б**ит**	**-ит**
мы	лю́б**им**	**-им**
вы	лю́б**ите**	**-ите**
они́	лю́б**ят**	**-ят**

Упражне́ние 8 다음 동사의 활용형을 만들어 보세요. 또 이들 동사가 어떤 활용형에 속하는지 밝히세요.

1. жить
2. говори́ть
3. чита́ть
4. понима́ть
5. писа́ть
6. люби́ть
7. рабо́тать
8. де́лать
9. ду́мать
10. знать

Упражне́ние 9 Образе́ц와 같이 주어진 표현을 사용하여 질문에 답하세요.

> Образе́ц: А: Что ты де́лаешь? 일하다
> Б: Я рабо́таю.

1. Что он де́лает? 독서하다
2. Что мы де́лаем? 러시아에 대해 쓰다
3. Что вы де́лаете? 집에서 일하다
4. Что я де́лаю? 편지를 쓰다
5. Что они́ де́лают? 나에 대해 말하다

Упражне́ние 10 Образе́ц와 같이 괄호 안 동사의 적절한 활용형을 쓰고 주어진 표현을 사용하여 대답을 만드세요.

> Образе́ц: О чём ты (писа́ть)? твоя́ соба́ка
> А: О чём ты пи́шешь?
> Б: Я пишу́ о твое́й соба́ке.

1. Где вы (жить)? э́тот ста́рый го́род
2. О чём он (чита́ть)? наш университе́т

3. Где ты (рабо́тать)? та по́чта
4. О чём они́ (писа́ть)? Росси́я
5. О ком он (говори́ть)? наш но́вый профе́ссор
6. О чём ты (ду́мать)? её ко́шка
7. Где они́ (жить)? Коре́я
8. О ком ты (говори́ть)? твой друг Ива́н
9. Где ты (жить)? ма́ленькая кварти́ра
10. О чём он (ду́мать)? но́вые ру́сские фи́льмы

Упражне́ние 11 Обpазе́ц와 같이 주어진 표현을 사용하여 대화를 만드세요.

> Образе́ц: оте́ц, рабо́тать, фа́брика
> А: Где рабо́тает твой оте́ц?
> Б: Он рабо́тает на фа́брике.

1. ба́бушка, жить, Москва́
2. брат, рабо́тать, университе́т
3. друг, жить, Сеу́л
4. Джон, жить, Калифо́рния
5. А́нна, рабо́тать, музе́й

5. 부사

러시아어 부사는 중성 명사처럼 보통 -о, -е로 끝나며 통상 서술어 앞에 위치합니다. 단, 언어를 나타내는 по- ...ски란 형태의 부사는 동사 다음에 옵니다.

Он **бы́стро** говори́т.
Он говори́т **по-ру́сски**.

러시아어에서는 문장에서 제일 중요하거나 새로운 정보가 문장 맨 뒤에 가게 됩니다. как어떻게로 시작하는 의문문에 대한 대답으로 부사가 문장에서 제일 중요한 정보의 역할을 할 때에는 부사를 문장의 맨 뒤로 보냅니다.

– **Как** вы говори́те по-ру́сски?
– Я говорю́ по-ру́сски ещё **пло́хо**.

● 기본적인 부사들을 익혀 봅시다.

свобо́дно (отли́чно)
о́чень хорошо́
хорошо́
непло́хо, норма́льно
немно́го (немно́жко)
с трудо́м .... пло́хо
чуть–чуть

бы́стро — ме́дленно
мно́го — ма́ло
всегда́ — ча́сто — иногда́ — ре́дко

✎ 부사는 주로 동사의 앞에 오지만 가장 중요한 정보로 등장할 때는 문장 끝에 옵니다!

Ты **хорошо́** говори́шь по-ру́сски.
Он **о́чень** лю́бит ру́сский язы́к.
– **Как** вы говори́те по-ру́сски?
– Я говорю́ **хорошо́**.

6. 언어구사에 관한 표현

'말하다/읽다/쓰다' 동사는 '-언어로'라는 의미의 부사형(по- ...ски)을 취하고, '알다/공부하다'는 '-언어를'이라는 의미의 **형용사+명사** 형태(...ский язы́к)의 목적어를 취합니다. '이해하다' 동사는 부사와 명사구 모두와 사용 가능합니다.

	по-...ски (부사)	...ский язы́к (형용사+명사)
говори́ть 말하다 чита́ть 읽다 писа́ть 쓰다	Я говорю́ по-ру́сски. Я чита́ю по-ру́сски. Я пишу́ по-ру́сски.	
знать 알다 изуча́ть 공부하다		Я зна́ю ру́сский язы́к. Я изуча́ю ру́сский язы́к.
понима́ть 이해하다	Я понима́ю по-ру́сски.	Я понима́ю ру́сский язы́к.

● 질문하는 방법

(1) 어떤 언어(들)로 말하고, 읽고, 쓸 줄 압니까?

На како́м языке́ / На каки́х языка́х — вы говори́те (чита́ете, пи́шете)?

(2) 어떤 언어(들)를 알고(공부하고) 있습니까?

Како́й язы́к / Каки́е языки́ — вы зна́ете (изуча́ете)?

(3) 어떤 언어들을 더 잘/못 알아듣습니까(이해합니까)?

Каки́е языки́ / На каки́х языка́х — вы понима́ете лу́чше/ху́же?

(4) 당신의 모국어는 무엇인가요?

– Како́й ваш(твой) родно́й язы́к?

– Мой родно́й язы́к коре́йский. (язы́к 생략)

● 세계의 여러 언어들에 관한 표현을 알아둡시다!

	부사	명사구
러시아어	по-ру́сски	ру́сский язы́к
영어	по-англи́йски	англи́йский язы́к
한국어	по-коре́йски	коре́йский язы́к
프랑스어	по-францу́зски	францу́зский язы́к
독일어	по-неме́цки	неме́цкий язы́к
스페인어	по-испа́нски	испа́нский язы́к
일본어	по-япо́нски	япо́нский язы́к
중국어	по-кита́йски	кита́йский язы́к

Упражне́ние 12 다음 빈칸에 알맞은 러시아어 단어를 넣으세요.

1. А: Каки́е языки́ вы ________________? (알다)

   Б: Я _________ (읽다) по-неме́цки и по-англи́йски, но пло́хо ___________ (쓰다).

   А: А роди́тели ________________ (알다) неме́цкий язы́к?

   Б: Нет, они́ не ______________ (이해하다) по-неме́цки.

   Ма́ма немно́го ______________ (이해하다) по-францу́зски.

2. А: Каки́е языки́ вы ________________? (이해하다)

   Б: Я ____________ (읽다) и ____________ (쓰다) по-ру́сски и по-испа́нски.

   Я ________________ (공부하다) ру́сский и испа́нский языки́ в институ́те.

3. А: Мэри ______________ во Фрáнции, но онá плóхо ________________
살다 / 알다

французский язы́к. Онá хорошó __________________,
이해하다

но плóхо _________________.
읽다

4. А: Вáши родúтели __________________ в Испáнии?
살다

Знáчит[즉], онú __________________ испáнский язы́к?
알다

Б: Да, онú óчень хорошó __________________ по-испáнски.
말하다

5. Моя́ сестрá _______________ в рýсской компáнии. Онá хорошó
일하다

_______________, _______________ и _______________.
말하다 / 읽다 / 쓰다

Упражнéние 13 다음을 러시아어로 작문해 보세요.

1. 나는 영어, 프랑스어, 독일어로 말하고 읽고 쓴다.
2. 나의 형은 한국어를 말하지만, 나는 말하지 못한다.
3. 나의 어머니는 러시아어로, 아버지는 일본어로 말씀하신다. 집에서 우리는 오직[тóлько] 러시아어로만 말한다.
4. А: 당신은 어떤 언어들로 말합니까?
   Б: 나는 중국어를 자유자재로 말합니다. 그렇지만 읽고 쓰는 것은 잘 못합니다.
5. А: 어떤 언어들을 알아들으세요?
   Б: 저는 스페인어, 프랑스어, 영어를 이해할 수 있습니다.

7. 국적(Национáльность)에 대한 표현

국적	남자	여자	복수	형용사	국가명
한국	корéец	корея́нка	корéйцы	корéйский	Корéя
러시아	рýсский	рýсская	рýсские	рýсский	Росси́я
미국	америкáнец	америкáнка	америкáнцы	америкáнский	Амéрика (США)
영국	англичáнин	англичáнка	англичáне	англи́йский	Áнглия
프랑스	францýз	францýженка	францýзы	францýзский	Фрáнция
독일	нéмец	нéмка	нéмцы	немéцкий	Гермáния
스페인	испáнец	испáнка	испáнцы	испáнский	Испáния
중국	китáец	китая́нка	китáйцы	китáйский	Китáй
일본	япóнец	япóнка	япóнцы	япóнский	Япóния

(1) 어떤 국적의 남자를 나타내는 어미 -ец는 출몰모음을 가집니다. '-국적의 사람들'이라는 복수는 남성형을 기준으로 만들어집니다.

(2) 러시아어의 국적명사는 형용사이면서 동시에 명사를 나타낼 수 있습니다. 즉, рýсский, рýсская, рýсские는 형용사 '러시아의'란 뜻과 '러시아인(남, 여, 복수)'의 의미를 나타낼 수 있습니다.

(3) 민족을 나타내는 рýсский, рýсская, рýсские와 더불어 росси́йский, росси́йская, росси́йское, росси́йские(러시아 국가의), россия́нин(러시아 국민, 남성), россия́нка(러시아 국민, 여성), россия́не(러시아 국민, 복수)라는 어휘도 익혀 둡시다!

- ✎ Росси́йская Федерáция (РФ); росси́йский граждани́н, росси́йская граждáнка; росси́йский президéнт
- ✎ 타타르인(татáрин)은 рýсский는 아니지만 россия́нин 혹은 росси́йский граждани́н 이지요.

Упражнéние 14 알맞은 러시아어 단어로 빈칸을 채우세요.

1. Джон америкáнец. Егó мáма тóже __________________.
2. Марúя испáнка. Её родúтели тóже __________________.
3. Дúма и Вáня рýсские. Их пáпа тóже __________________.
4. Жан францýз. Егó мáма тóже __________________.
5. Кэтлин англичáнка. Её родúтели тóже __________________.
6. Мин-Ли китая́нка. Её пáпа тóже __________________.
7. Мой отéц нéмец. Егó тётя и дя́дя тóже____________.
8. Ивáн рýсский. Егó сестрá тоже __________________.
9. Э́тот профéссор корéец. Егó студéнты тóже ________________.
10. Мой друг япóнец. Егó сын и дочь тóже ______________.

Упражнéние 15 다음을 러시아어로 작문해 보세요.

1. 나의 어머니는 러시아인, 아버지는 중국인이다.
2. 나의 아버지는 영국인, 어머니는 프랑스인이다. 우리는 프랑스에 살고 있다. 나는 프랑스어를 매우 좋아한다.
3. 러시아에는 독일인들이 살고 있다. 그들은 독일어로도, 러시아어로도 말한다.
4. 한국에는 러시아인들이 살고 있다. 그들은 한국어로 잘 말하고 알아듣지만 읽고 쓰는 것은 잘 못한다.
5. А: 당신은 스페인어를 좋아하나요?

   Б : 네, 나는 스페인어를 좋아합니다.

Упражнéние 16 다음 образéц와 같이 대화를 만들어 보세요. 아래 표 안의 어휘를 활용하도록 합시다.

Образéц: А: Кто вы (по профéссии)?
Б: Я врач.
А: Где вы рабóтаете?
Б: Я рабóтаю в больнúце.

профéссия직업	мéсто рабóты직장	профéссия직업	мéсто рабóты직장
учúтель/-ница	шкóла	фéрмер	фéрма
преподавáтель /-ница профéссор	университéт инститýт	продавéц/ продавщúца	магазúн
библиотéкарь	библиотéка	экономúст дирéктор мéнеджер бизнесмéн секретáрь бухгáлтер юрúст	фúрма
врач медбрáт/ медсестрá	больнúца поликлúника	журналúст/-ка	газéта
архитéктор строúтель	стрóйка(на)	полицéйский	полúция
инженéр механик	завóд(на) фáбрика(на)	официáнт/-ка	ресторáн бар
учёный фúзик математик	инститýт лабораторúя	писáтель перевóдчик	

✎ домохозяйка는 '주부'를 의미합니다.

8. 수사(20-199)

	기수	서수
20	два́дцать	двадца́тый (-ая, -ое, -ые)
30	три́дцать	тридца́тый
40	со́рок	сорокова́й
50	пятьдеся́т	пятидеся́тый
60	шестьдеся́т	шестидеся́тый
70	се́мьдесят	семидеся́тый
80	во́семьдесят	восьмидеся́тый
90	девяно́сто	девяно́стый
100	сто	со́тый
199	сто девяно́сто де́вять	сто девяно́сто девя́тый

КУЛЬТУ́РА

СССР
(Сою́з Сове́тских Социалисти́ческих Респу́блик, 1922-1991)

여러분은 종종 CCCP라고 쓰여진 티셔츠나 간판을 보는 경우가 있을 텐데 이것이 무슨 뜻일까요? 이는 구(舊)소련(소비에트연방)을 뜻하는 것으로 1917년 러시아혁명(револю́ция) 이후 공산주의 체제(коммуни́зм)의 소비에트연방으로 바뀌면서 1922년부터 주변의 크고 작은 나라를 통합하여 거대한 사회주의 공화국 연방체제가 되었던 러시아의 역사를 알아야 이해할 수 있답니다. 1991년 고르바초프(Горбачёв) 서기장 시기에 쿠데타가 일어나면서 그가 추진한 개방, 개혁에 있어 여러 혼란을 겪다가 마침내 레닌(Ле́нин), 스탈린(Ста́лин), 흐루시초프(Хрущёв), 브레즈네프(Бре́жнев) 등이 이끌고 나갔던 공산주의 체제가 해체되었는데 이는 곧 미국-소련의 냉전 종식을 의미했지요. 이후 소련에 속했던 여러 나라들은 독립하고 자신의 언어를 되찾았습니다. 공산주의 혁명과 사회주의 체제 및 그 해체는 인류사에 큰 획을 그은 사건들입니다. 러시아를 비롯하여 구소련에 속했지만 지금은 독립한 나라들의 이름과 수도는 다음과 같습니다.

Росси́йская Федера́ция, Росси́я	Москва́
Эсто́ния	Та́ллин
Ла́твия	Ри́га
Литва́	Ви́льнюс
Белару́сь	Ми́нск
Украи́на	Ки́ев
Молдо́ва	Кишинёв
Гру́зия	Тбили́си

Арме́ния	Ерева́н
Азербайджа́н	Баку́
Казахста́н	Астана́
Узбекиста́н	Ташке́нт
Туркмениста́н	Ашхаба́д
Кыргызста́н	Бишке́к(Фру́нзе)
Таджикиста́н	Душанбе́

위 15개국 가운데 발트해 공화국들인 에스토니아, 라트비아, 리투아니아는 소련의 붕괴와 함께 독립했으며, 이 발트해 3국과 그루지야 및 우크라이나, 투르크메니스탄을 제외한 9개 나라는 1991년 이후 CIS(Commonwealth of Independent States)/СНГ(Содру́жество Незави́симых Госуда́рств)라고 불리면서 자원부국으로서 많은 관심과 연구의 대상이 되고 있습니다.

다민족·다문화 국가 러시아

러시아인의 여권에는 이름, 성, 부칭 외에 출생연월일, 출생장소가 명시되는 것이 일반적이지만 1997년 이전에는 민족적 정체성 역시 여권에 기입되었습니다. 부모가 같은 국적(**национáльность**)일 경우 자녀는 그 국적을 가지지만 다를 경우 여권을 만들 수 있는 나이인 14세가 되었을 때 하나의 국적을 선택할 수 있지요. 러시아인들의 유대인에 대한 편견은 매우 심해서 유대인임을 명시하게 하여 승진, 고용, 교육 등 사회의 여러 방면에서 심하게 차별하였습니다(반유대주의). 유대인을 나타내는 러시아어 표현 중 **еврéй**는 민족적 정체성을, **иудéй**는 종교적 정체성을 일컫습니다. 소비에트 시기에는 100개가 넘는 민족이 공존했지만 정부의 강력한 중앙집권화로 통제되었습니다. 지금은 과거 연방 안에 종속되었던 공화국들의 독립과 더불어 러시아의 민족적 구성이 예전보다 단순해졌습니다. 하지만 여전히 체첸(**Чечéн**) 사태와 같은 민족적 충돌이 야기되고 있는 코카서스(**Кавкáз**) 지방은 러시아의 화약고와 같은 곳이지요.

НÓВЫЕ СЛОВÁ

* 언어·국적 관련 어휘는 118쪽과 120쪽 참조.

단어	품사	의미
говори́ть	동사(2식)	말하다
де́лать	동사(1식)	하다
ду́мать	동사(1식)	생각하다
жить	동사(1식)	살다
знать	동사(1식)	알다
изуча́ть	동사(1식)	공부하다, 배우다
люби́ть	동사(2식)	사랑하다
писа́ть	동사(1식)	쓰다
познако́миться	동사(2식)	서로 소개하다, 알게 되다
понима́ть	동사(1식)	이해하다, 알아듣다(들어 이해하다)
рабо́тать	동사(1식)	일하다
чита́ть	동사(1식)	읽다
аге́нтство	명사	에이전시
архите́ктор	명사	건축가
аспира́нт / -ка	명사	대학원생(남 / 여)
бале́т	명사	발레
бар	명사	바
библиоте́ка	명사	도서관
библиоте́карь	명사	사서
бизнесме́н	명사	사업가
больни́ца	명사	병원
бухга́лтер	명사	회계원
внук / вну́чка	명사	손자 / 손녀
врач	명사	의사
граждани́н / гражда́нка	명사	시민(남 / 여)
дискоте́ка	명사	디스코텍

단어	품사	의미
домохозя́йка	명사	주부
дочь	명사(여성)	딸
друг	명사	친구
жена́	명사	아내
заво́д	명사	공장
инжене́р	명사	엔지니어
институ́т	명사	연구소, 단과대학
ка́федра	명사	학과
кафете́рий	명사	카페테리아
кино́	명사(불변)	영화, 영화관
компа́ния	명사	회사
конце́рт	명사	음악회
Коре́я	명사	한국
курс	명사	학년
лаборато́рия	명사	랩, 실험실
ле́кция	명사	강의
лес	명사	숲
магази́н	명사	상점
матема́тик	명사	수학자
медбра́т / медсестра́	명사	간호사(남 / 여)
ме́неджер	명사	매니저
ме́сто	명사	장소
меха́ник	명사	기계공
национа́льность	명사	국적
Нью-Йо́рк	명사	뉴욕
отделе́ние	명사	지국, 지부, 과
официа́нт / -ка	명사	웨이터 / 웨이트리스
пена́л	명사	필통
перево́дчик / перево́дчица	명사	통역가, 번역가(남 / 여)
писа́тель	명사	작가

단어	품사	의미
пол	명사	바닥
поликли́ника	명사	종합병원, 진료소
полице́йский	명사(형용사형)	경찰관, 순경
поли́ция	명사	경찰, 경찰서
по́чта	명사	우체국
продаве́ц / продавщи́ца	명사	판매원(남 / 여)
профе́ссия	명사	직업
рабо́та	명사	일, 직장
рестора́н	명사	음식점
россия́нин / россия́нка	명사	러시아 국민(남 / 여)
сад	명사	정원
Санкт-Петербу́рг	명사	상트페테르부르크
секрета́рь	명사	비서
семина́р	명사	세미나
Сеу́л	명사	서울
Сиби́рь	명사(여성)	시베리아
стадио́н	명사	운동경기장, 스타디움
строи́тель	명사	건축가, 건축노동자
стро́йка	명사	건축현장, 건축
су́мка	명사	가방
сын	명사	아들
труд	명사	노력, 수고
уче́бник	명사	교과서
учёный	명사(형용사형)	학자
фа́брика	명사	공장
факульте́т	명사	학부
фе́рма	명사	농장
фе́рмер	명사	농부
фи́зик	명사	물리학자

단어	품사	의미
фи́рма	명사	회사
фотогра́фия	명사	사진
штат	명사	주(州)
экономи́ст	명사	경제학자
юри́ст	명사	변호사, 법조인
язы́к	명사	언어
бы́стро	부사	빠르게
всегда́	부사	언제나, 항상
ещё	부사	아직, 또한
иногда́	부사	가끔
лу́чше	부사	더 좋게, 더 잘
ма́ло	부사	적게
ме́дленно	부사	느리게
мно́го	부사	많이
немно́го, немно́жко	부사	조금
по-коре́йски	부사	한국어로
по-ру́сски	부사	러시아어로
по-япо́нски	부사	일본어로
ре́дко	부사	드물게
свобо́дно	부사	자유롭게, 유창하게
сейча́с	부사	지금
то́лько	부사	오직, 단지
ху́же	부사	더 나쁘게, 더 못하게
ча́сто	부사	자주
чуть	부사	아주 조금, 간신히
в	전치사	–(안)에(+전치격)
на	전치사	–(위)에(+전치격)
о(б)	전치사	–에 대해(+전치격)
свой	재귀소유형용사	자신의
тот	지시형용사	저
э́тот	지시형용사	이, 그

단어	품사	의미
зато́	접속사	그 대신에, 그에 반해
поэ́тому	접속사	그렇기 때문에, 그러므로
англи́йский	형용사	영국의, 영어의
госуда́рственный	형용사	국립의, 정부의
родно́й	형용사	모국(어)의
росси́йский	형용사	러시아 국가의
сеу́льский	형용사	서울(Сеу́л)의
зна́чит	삽입어	그렇다면, 즉, 말하자면
Дава́йте познако́мимся!	표현	우리 서로 인사합시다!
Познако́мьтесь!	표현	서로 인사하세요!

УРО́К 5

ЧТО У ТЕБЯ́ ЕСТЬ?

ДИАЛО́ГИ

A Отку́да ты?

Мина: Приве́т! Я твоя́ сосе́дка по ко́мнате[1].
Меня́ зову́т Мина.

Джейн: Приве́т! Меня́ зову́т Джейн.
Я из США, из Нью-Йо́рка. А ты отку́да?

Мина: Я из Коре́и, из Сеу́ла.

Джейн: Кака́я у тебя́ специа́льность?

Мина: Ру́сская литерату́ра. А у тебя́?

Джейн: Ру́сская исто́рия.

Мина: Кака́я интере́сная специа́льность!

Джейн: Я то́же так ду́маю. И у тебя́ то́же интере́сная специа́льность!

1) сосе́д(-ка) по ко́мнате: 룸메이트

Б Что у тебя́ в чемода́не?

Джейн: У тебя́ есть чемода́н?

Мина: Да, есть. Вот он.

Джейн: Како́й большо́й чемода́н! Что у тебя́ в нём?

Мина: Тут у меня́ ноутбу́к, фотоаппара́т, ра́дио и моби́льный телефо́н.

Джейн: Како́й ма́ленький ноутбу́к! У меня́ нет тако́го ма́ленького ноутбу́ка. А чей э́то кра́сный чемода́н? То́же твой?

Мина: Да, мой. Тут у меня́ па́спорт, ви́за, два словаря́, кни́ги, а та́кже моя́ оде́жда: ма́йки, футбо́лки, джи́нсы, пла́тья, ю́бки, блу́зки, свитера́, кроссо́вки и ту́фли.

Дава́йте поговори́м 1

여러분이 모스크바의 대학 기숙사에서 외국인 룸메이트를 만났다고 가정하고 서로 자기 소개를 해 보세요.

Дава́йте поговори́м 2

여러분이 러시아에 교환학생으로 가게 된다면 여행가방에 넣어 가고 싶은 물건들을 말해 보세요.

Основны́е выраже́ния

УРО́К 5를 배우는 동안 주어진 표현들을 사용하여 다음 문형을 연습해 봅시다.

1. А: У вас есть маши́на?
   Б: Да, у меня́ есть маши́на.
   Нет, у меня́ нет маши́ны.

2. А: У вас есть слова́рь?
   Б: Да, есть. У меня́ два словаря́.

3. А: Чья э́то соба́ка?
   Б: Э́то соба́ка моего́ дру́га.

4. А: Кака́я у вас маши́на?
   Б: У меня́ кра́сная спорти́вная маши́на.

5. У меня́ до́ма есть стари́нный шкаф.

〈명사〉

	남성	여성	중성	복수
경자음 어간	ноутбу́к фотоаппара́т телефо́н па́спорт костю́м друг пода́рок сосе́д муж	литерату́ра ви́за оде́жда ма́йка ю́бка блу́зка ко́шка соба́ка сосе́дка жена́	перо́ пальто́ ра́дио	джи́нсы
연자음 어간		исто́рия	кафе́ пла́тье	ту́фли
		специа́льность	-мя 중성명사 и́мя вре́мя	

ноутбу́к

фотоаппара́т

телефо́н

ра́дио

кроссо́вки

костю́м

ма́йка

блу́зка

ту́фли

ю́бка

джи́нсы

пальто́

ЧТЕ́НИЕ

Э́то коре́йская студе́нтка Пак Мина. Мина из Сеу́ла. Она́ студе́нтка отделе́ния ру́сского языка́ и литерату́ры в Сеу́льском госуда́рственном университе́те. Её специа́льность – ру́сская литерату́ра. Она́ счита́ет, что её специа́льность о́чень интере́сная. Сейча́с она́ стажёр, у́чится[1)] в Моско́вском госуда́рственном университе́те. У неё больша́я семья́: ма́ма, па́па, ба́бушка, де́душка, ста́рший брат и мла́дшая сестра́. У неё та́кже есть ко́шки. Она́ их[2)] о́чень лю́бит. У неё есть коре́йский моби́льный телефо́н и ноутбу́к. Ещё у неё есть коре́йский традицио́нный костю́м ханбо́к. Он о́чень краси́вый и элега́нтный.

Вот Дже́йн Смит. Она́ америка́нка. Сейча́с она́ на стажиро́вке в Моско́вском госуда́рственном университе́те. Джейн из Нью-Йо́рка. Она́ студе́нтка госуда́рственного университе́та шта́та Нью-Йо́рк. Её специа́льность – ру́сская исто́рия. Джейн уже́ отли́чно говори́т и пи́шет по-ру́сски. Она́ о́чень лю́бит ру́сские фи́льмы.

---

1) **у́чится** '학교 다니다'라는 뜻의 재귀동사 учи́ться의 현재시제 3인칭 단수형으로 УРО́К 6 문법을 참조하세요.

2) **их** 인칭대명사 3인칭 대격 복수 '그들을'

ГРАММА́ТИКА

1. 동사의 과거시제

동사원형어미 -ть를 제거하고 대신 -л을 붙이면 동사의 남성 단수 과거형이 됩니다. 주어가 여성 단수일 경우 -ла, 중성 단수일 경우 -ло, 복수일 경우 -ли를 붙입니다. 러시아어는 동사 과거시제형을 만드는 것이 매우 쉽습니다! 다만 조심할 것은 강세의 이동인데 жить에서처럼 여성형에서 강세가 뒤로 가는 경우가 종종 있습니다. 재귀동사 познако́миться서로 알게 되다는 모음어미 다음에 -сь가 오고 자음어미 다음에는 -ся가 옵니다. 재귀동사 현재시제 활용형은 다음 과에서 알아봅시다.

чита́ть: чита́л, чита́ла, чита́ли
жить: жил, жила́, жи́ли (강세변화 주의!)
познако́миться: познако́мился, познако́милась, познако́мились

Упражне́ние 1 다음 образе́ц와 같이 주어진 동사와 부사 ра́ньше전에는를 가지고 문장을 만들어 보세요.

> Образе́ц: понима́ть
> → Ра́ньше я понима́л по-ру́сски пло́хо, но сейча́с понима́ю хорошо́.

1. говори́ть
2. чита́ть
3. писа́ть
4. жить
5. люби́ть

Упражнéние 2 다음 푸슈킨의 시를 읽고 과거시제 동사를 표시해 보세요.

Я ВАС ЛЮБИ́Л

Я вас люби́л: любо́вь ещё, быть мо́жет,
В душе́ моей уга́сла не совсе́м;
Но пусть она́ вас бо́льше не трево́жит;
Я не хочу́ печа́лить вас ниче́м.
Я вас люби́л безмо́лвно, безнаде́жно,
То ро́бостью, то ре́вностью томи́м;
Я вас люби́л так и́скренно, так не́жно,
Как дай вам Бог люби́мой быть други́м.

А. С. Пу́шкин (1829)

난 당신을 사랑했습니다. 사랑은 아직도 아마
내 영혼 속에서 완전히 꺼지지 않았습니다.
그러나 그것(사랑)이 당신을 더 이상 괴롭히지는 않을 겁니다.
나는 무엇으로도 당신을 슬프게 하고 싶지 않습니다.
나는 말없이, 희망 없이 당신을 사랑했습니다.
때로는 소심함으로 때로는 질투심으로 괴로워하면서.
나는 그렇게 진심으로 그렇게 부드럽게 당신을 사랑했습니다.
신께서 당신이 다른 이로부터 사랑받도록 하기를.

✎ 다음을 참조하여 위 시를 이해해 봅시다.

быть мо́жет: 아마도(= мо́жет быть)
в душе́ моей: 내 영혼 속에
уга́снуть: 꺼지다; 과거형은 уга́сла
не совсе́м: 완전히 -하지 않다
пусть: -하게 하라, -하게 내버려 두라
бо́льше не: 더 이상 -하지 않다
трево́жить: 불안하게 하다, 괴롭히다
хочу́: хоте́ть원하다의 현재시제 1인칭 단수형
печа́лить: 슬프게 하다

ничéм: 아무것으로도
безмóлвно: 말없이
безнадéжно: 희망 없이
то - то -: 때로는 - 때로는 -
рóбостью: 소심함으로(조격); 주격은 рóбость
рéвностью: 질투로(조격); 주격은 рéвность
томи́м: 괴롭힘을 당한; томи́ть의 피동분사형
так и́скренно: 그렇게(매우) 진심으로
нéжно: 부드럽게
люби́мой быть други́м: 다른 사람에 의해 사랑받다(여성이)

2. 생격

생격은 소유, 양을 나타내는 표현에 주로 사용되는 격입니다. 그리고 몇몇 전치사는 생격 목적어를 취하기도 하지요. 여기서는 우선 생격 단수형만 알아보도록 하겠습니다.

2.1. 명사의 생격

	남성 및 중성명사	어미	여성명사	어미
경변화	столá окнá студéнта профéссора	-а	газéты кóмнаты	-ы
연변화	словаря́ плáтья преподавáтеля	-я	кýхни тетрáди	-и

(1) 명사의 생격 형태는 경자음어간(경변화)과 연자음어간(연변화)으로 구분하여 철자 -а와 -ы, -я와 -и를 각각 사용하여 만듭니다.

(2) 철자법칙은 늘 적용되는 규칙이므로 주의하도록 하세요.

книга → книги(○)　　　　일곱 글자 철자법칙!
　　　　книгы(×)

(3) 어미 고정 강세를 가지는 남성명사는 주격 단수 이외의 형태에서 어미가 붙을 때 어미에 강세가 옵니다. 맨 마지막 음절에 강세가 온다는 사실에는 변함이 없습니다.

стол → стола́,　гара́ж → гаража́

(4) 남성명사에서 출몰모음이 있는 경우, 주격 단수형의 맨 마지막 모음(끝에서 두 번째 글자) о, е가 주격 단수 이외의 격과 수에서 사라집니다.

оте́ц → отца́

(5) 연음부호 여성명사 중 мать, дочь는 생격이 ма́тери, до́чери로서, 주격 단수 이외의 모든 격변화에서 어간에 -ер-가 들어가 확장된 형태로 나타납니다.

Упражне́ние 3 다음 단어의 생격형을 알아봅시다.

1. де́душка
2. фотоаппара́т
3. сосе́дка
4. специа́льность
5. пла́тье
6. дочь
7. оде́жда
8. пальто́
9. молоко́
10. каранда́ш
11. аудито́рия
12. заня́тие
13. пода́рок
14. ко́мната
15. музе́й

2.2. 형용사의 생격

	남성 및 중성 단수	어미	여성 단수	어미
경변화	но́вого больш́ого ма́ленького каќого	-ого	но́вой больш́ой ма́ленькой каќой	-ой
연변화	си́него после́днего	-его	си́ней после́дней	-ей
다섯 글자 철자법칙	хоро́шего	-его	хоро́шей	-ей

✎ -ого/-его는 [ово]/[ево]처럼 발음됩니다.

2.3. 소유형용사·지시형용사류의 생격

남성 및 중성 단수	моего́ твоего́ на́шего	ва́шего чьего́ тре́тьего	э́того одного́ всего́
여성 단수	мое́й твое́й на́шей	ва́шей чьей тре́тьей	э́той одно́й всей

✎ его́, её, их는 불변입니다.

소유형용사, 지시형용사와 같이 특수한 형태의 형용사 생격 역시 일반 형용사 생격과 어미가 크게 다르지 않습니다. 강세와 경/연변화, 철자법칙 등에 유의하면서 익히도록 하세요.

2.4. 인칭대명사와 의문대명사의 생격

주격	생격
я	меня́
ты	тебя́
он	его́
она́	её
мы	нас
вы	вас
они́	их
кто	кого́
что	чего́

✎ кого́, чего́는 모두 г가 [в] 발음임에 유의하세요.

Упражне́ние 4 다음 주격 어구들을 생격으로 바꾸어 보세요.

1. наш дом
2. твой компью́тер
3. э́то большо́е зда́ние
4. его́ но́вый сосе́д
5. моя́ тетра́дь
6. чей телефо́н
7. бе́лая соба́ка
8. их мать
9. ру́сская литерату́ра
10. хоро́ший слова́рь

3. 생격의 용법

생격은 다음과 같은 경우에 사용합니다.

(1) '-의': 한국어로 'A의 B'와 같은 표현은 러시아어에서는 'B+A(생격)'으로 표현됩니다. 영어에서 'B of A'로 표현되는 것과 같은 방식이지요. 다만 러시아어에서는 생격명사 자체가 'of'의 의미까지 포함하고 있다고 생각하면 됩니다.

Кни́га **твоего́ бра́та**	네 형제의 책
Ко́мната **моéй сестры́**	내 자매의 방
Разме́р **на́шей кварти́ры**	우리 아파트의 크기

Упражне́ние 5 다음 образе́ц와 같이 생격을 사용하여 두 문장을 합쳐서 한 문장으로 만드세요.

> Образе́ц: Э́то Макси́м. А э́то его́ кварти́ра.
> → Э́то кварти́ра Макси́ма.

1. Э́то мой де́душка. А э́то его́ сосе́д.
2. Э́то моя́ мать. А э́то её ме́бель.
3. Э́то их дочь. А э́то её ко́шка.
4. Э́то наш сын. А э́то его́ рюкза́к.
5. Э́то мой ста́рший брат. А э́то его́ холоди́льник.
6. Э́то его́ мла́дшая сестра́. А э́то её дива́н.
7. Э́то Ма́ша. А э́то её маши́на.
8. Э́то наш профе́ссор. А э́то его́ кни́ги.
9. Э́то Андре́й. А э́то его́ соба́ка.
10. Э́то мой друг. А э́то его́ стол.

Упражне́ние 6 다음 образе́ц와 같이 적절한 문장을 만드세요.

Образе́ц:	Мой друг живёт в э́том до́ме. → Э́то дом моего́ дру́га.

1. На́ш де́душка живёт в э́том зда́нии.
2. Э́тот профе́ссор рабо́тает в э́той лаборато́рии.
3. Мой оте́ц живёт в э́том го́роде.
4. Моя́ ста́ршая сестра́ живёт в э́том зда́нии.
5. Наш преподава́тель рабо́тает в э́том кабине́те.

(2) 전치사 у-옆에/-에게, из-로부터, без-없이, до-까지/-전에, по́сле-후에, о́коло-옆에 등의 목적어

Апте́ка о́коло **э́того магази́на**. 약국은 이 가게 옆에 있습니다.
У **моего́ бра́та** есть маши́на. 내 오빠에게는 자동차가 있다.
Она́ из **Москвы́**. 그녀는 모스크바 출신이다.
без **хоро́шего словаря́** 좋은 사전 없이
по́сле / до **заня́тия** 수업 후에 / 전에

(3) '나에게는 -가 없다'와 같은 부정소유문 / 부정존재문에서 부재하는 대상에 사용합니다.

У меня́ нет **кра́сной ру́чки**. 나에게는 빨간 펜이 없다.
Здесь нет **хоро́шего рестора́на**. 여기에는 좋은 레스토랑이 없다.

Упражне́ние 7 다음 образе́ц와 같이 문장을 완성하세요.

Образе́ц:	У вас есть **ру́чка**?	– Нет, у меня́ нет **ру́чки**.

1. У вас есть _______________? (사전) – Нет, у меня́ нет _______________.
2. У вас есть _______________? (신문) – Нет, у меня́ нет _______________.
3. У тебя́ есть _______________? (펜) – Нет, у меня́ нет _______________.
4. У него́ есть _______________? (여동생) – Нет, у него́ нет _______________.
5. У Ива́на есть _______________? (컴퓨터) – Нет, у него́ нет _______________.

(4) 숫자 2, 3, 4 / 22, 23, 24 / 32, 33, 34 … 처럼 1자릿수가 2, 3, 4로 끝나는 숫자 뒤에 오는 명사는 생격 단수형을 취합니다(단, 12, 13, 14는 제외). 1자릿수가 1로 끝나면 뒤에 오는 명사는 주격입니다(단, 11은 제외).

два **до́ма** / две **ру́чки**	집 두 채/펜 두 자루
три **студе́нтки**	여학생 3명
четы́ре **зда́ния**	건물 네 채
два́дцать три **студе́нта**	학생 23명
пятьдеся́т два **рубля́**	52루블

Упражне́ние 8 다음을 러시아어로 번역하세요(숫자도 러시아어로 쓰세요).

1. 편지 2통
2. 펜 3개
3. 연필 41자루
4. 노트 24권
5. 34루블

Упражнéние 9 다음 образéц와 같이 물건을 하나 갖고 있는지에 대한 질문에 괄호 안에 있는 개수 만큼 갖고 있다고 답하세요.

> Образéц: А: У вас однá кни́га? (2)
> Б: Нет, две кни́ги.

1. У вас однá фотогрáфия? (4)
2. У вас однá кóмната? (3)
3. У вас однá кýхня? (2)
4. У вас однá специáльность? (2)
5. У вас оди́н гарáж? (2)
6. У вас оди́н телеви́зор? (4)
7. У вас оди́н преподавáтель? (3)
8. У вас однó окнó? (2)
9. У вас однó крéсло? (3)
10. У вас однó пальтó? (4)

4. 러시아어 소유구문

러시아어 소유구문은 주로 **у+소유주(생격)+ЕСТЬ+소유되는 물건(주격)**의 형태로 나타납니다. 러시아어 HAVE 동사인 имéть(имéю, имéешь, имéют)는 주로 추상명사와 함께 사용되며 물질적인 소유를 나타내지 않는다는 점에 유의하세요. '내게 -이 없다'라는 의미의 부정소유문에서는 부재하는 물건에 생격을 사용합니다.

인칭/수	У+소유주(생격)	ЕСТЬ	소유되는 물건(주격)
я	у меня́	есть	карандáш
ты	у тебя́		кни́га
он	у **н**его́		тетрáдь
онá	у **н**её		рáдио
мы	у нас		джи́нсы
вы	у вас		блýзки
они́	у **н**их		
кто	у когó		

✎ 3인칭 대명사 생격 형태에서 전치사 다음에 н이 첨가되는 것에 유의하세요.

● 위치부사(구)+ЕСТЬ+주격명사

러시아어에서 소유구문은 〈у + 생격〉 소유주('-에게')가 일종의 위치, 장소가 되는 존재문입니다. 따라서 〈у + 생격〉 소유주 대신 위치를 나타내는 부사구, 가령 в кóмнате와 같은 표현을 사용하면 '방에 -이 있다'라는 존재문이 되지요. 〈у + 생격〉 소유주와 위치 전치사구를 함께 사용해도 됩니다.

У меня́ в кóмнате есть крéсло. 내 방에(나에게 방에) 안락의자가 있다.

● ЕСТЬ 없는 〈у+생격〉 소유구문

소유되는 물건의 존재가 이미 어느 정도 전제되거나 알려져 있고 물건의 존재 자체보다는 그 성질이나 정체성이 가장 중요한 정보가 되는 경우에 ЕСТЬ가 없는 구문을 사용합니다.

Что у тебя́ в чемодáне? → 가방에 무언가 들어 있음을 알거나 전제할 때
Какáя у тебя́ семья́? → 당연히 가족이 있으리라고 전제할 때

Упражнéние 10 다음을 러시아어로 작문하세요.

1. А: 누가 연필을 가지고 있나요?
   Б: 나에게 연필이 있어요. 그 연필은 내 책상 위에 있지요.
2. А: 당신 여행가방 안에는 무엇이 있죠?
   Б: 내 여행가방 안에는 책들, 사전, 티셔츠들, 운동화, 노트북 컴퓨터가 있어요.
3. А: 너는 남자 형제가 있니?
   Б: 응, 나는 오빠가 있어.
4. А: 그녀는 눈[глазá, 복수]이 어떠니?
   Б: 그녀는 검은 눈을 가지고 있어.
5. 내게는 대가족이 있다. 우리 가족에는 할아버지, 할머니, 부모님과 형, 그리고 내가 있다.

Упражне́ние 11 주어진 단어들을 사용하여 образе́ц와 같이 대화를 만드세요. 단, 각 문제마다 다른 형용사를 사용하세요.

Образе́ц:	А: Кака́я у тебя́ ру́чка в пена́ле? Б: У меня́ в пена́ле си́няя ру́чка.

1. слова́рь, по́лка
2. джи́нсы, чемода́н
3. блу́зка, шкаф
4. каранда́ш, су́мка
5. ру́чка, стол

● BE 동사 БЫТЬ의 시제변화

<table>
<tr><td>현재</td><td colspan="4">'이다'의 경우 → Ø
'있다'의 경우(소유구문) → есть 또는 Ø</td></tr>
<tr><td>과거</td><td colspan="4">был, была́, бы́ло, бы́ли</td></tr>
<tr><td rowspan="3">미래</td><td>я</td><td>бу́ду</td><td>мы</td><td>бу́дем</td></tr>
<tr><td>ты</td><td>бу́дешь</td><td>вы</td><td>бу́дете</td></tr>
<tr><td>он / она́ / оно́</td><td>бу́дет</td><td>они́</td><td>бу́дут</td></tr>
</table>

● 부정소유문·부정존재문의 생격

'-이 없다'라는 부정소유문과 부정존재문의 현재시제에서는 부정존재술어 нет 뒤에 부재하는 대상이 생격으로 나타납니다. 이와 같은 문장은 주격주어가 없는 무인칭구문(impersonal sentence)이지요. 과거시제에서는 술어를 일치시킬 주격명사가 없으므로 무표적인 중성 단수 형태를 취하여 не́ было라는 술어를 가지며, 미래시제에서는 무표적인 3인칭 단수 형태를 취하여 не бу́дет이 됩니다.

● 소유문/존재문의 현재, 과거, 미래시제

	긍정존재문/긍정소유문	부정존재문/부정소유문
현재시제	У меня́ **есть** маши́на.	У меня́ **нет** маши́ны.
과거시제	У меня́ **была́** маши́на. 주격명사에 성, 수 일치	У меня́ **не́ было** маши́ны. 무표적 중성 단수
미래시제	У меня́ **бу́дет** маши́на. 주격명사에 인칭, 수 일치	У меня́ **не бу́дет** маши́ны. 무표적 3인칭 단수

У него́ нет / не́ было / не бу́дет **ноутбу́ка**.

Его́ нет / не́ было / не бу́дет до́ма.

Упражне́ние 12 다음 образе́ц와 같이 적절한 시제의 부정문으로 답하세요.

Образе́ц: А: У тебя́ есть ру́чка?
Б: Нет, у меня́ нет ру́чки.

1. У тебя́ в ко́мнате есть крова́ть?
2. У э́того челове́ка был па́спорт?
3. В э́той аудито́рии есть доска́?
4. У ва́шей ма́тери есть сестра́?
5. У вас бу́дет слова́рь?

Упражне́ние 13 다음 образе́ц와 같이 다음의 것들이 없다고 대답해 보세요.

Образе́ц: А: У вас есть больша́я крова́ть?
Б: Нет, у меня́ нет большо́й крова́ти.

1. У вас есть семе́йная[가족의] фотогра́фия?
2. У вас есть большо́й шкаф?

3. У вас есть краси́вое кре́сло?

4. У вас есть ру́сский слова́рь?

5. У вас есть но́вая тетра́дь?

6. У вас есть тако́й хоро́ший холоди́льник?

7. У вас есть большо́е окно́?

8. У вас есть жена́?

9. У вас есть муж?

10. У вас есть ру́сский па́спорт?

Упражне́ние 14 다음 образе́ц와 같이 대명사 생격을 이용하여 아래의 물건이나 사람이 여기에 없다고 답해 보세요.

Образе́ц:	А: Где си́нее кре́сло? Б: Его́ здесь нет.

1. Где моё письмо́?

2. Где мой фотоаппара́т?

3. Где ва́ши роди́тели?

4. Где моё пла́тье?

5. Где его́ ста́ршая сестра́?

6. Где францу́зское вино́?

7. Где твои́ но́вые джи́нсы?

8. Где моя́ но́вая тетра́дь?

9. Где Ива́н?

10. Где твоя́ ру́чка?

Упражне́ние 15 다음 образе́ц와 같이 대답해 보세요.

Образе́ц:	А: У И́горя есть маши́на? Б: У него́ была́ маши́на, но тепе́рь у него́ нет маши́ны.

1. У тебя́ есть су́мка?
2. У его бра́та есть жена́?
3. У Серге́я есть сосе́д?
4. У Ве́ры есть сосе́дка?
5. У э́той студе́нтки есть каранда́ш?

Упражне́ние 16 다음을 러시아어로 작문하세요.

1. 나는 휴대폰이 없다.
2. 그녀는 지금 집에 없다.
3. 어제[вчера́] А́нна는 세미나에 없었다.
4. 나의 친구에게는 러시아 사전이 없다.
5. 나는 오늘[сего́дня] 수업이 없었지만 내일은 있을 것이다.

5. ТО́ЖЕ vs. ТА́КЖЕ

두 어휘는 모두 '또한'으로 해석되지만 실제 용법은 다릅니다.

(1) 두 사람이 같은 행위를 할 때나 상태 또는 자질이 동일함을 나타낼 때: то́же
(2) 한 사람이 두 가지 행위를 할 때, 혹은 부가적 정보를 제공할 때: та́кже
(3) 접속사와 붙여 쓸 때: а та́кже (и то́же는 틀림!)
(4) то́же가 та́кже보다 좀 더 구어체적입니다.

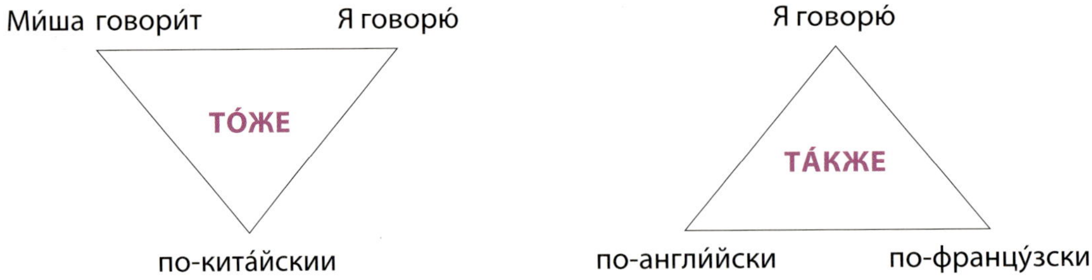

Мы изуча́ем исто́рию, матема́тику, а та́кже му́зыку.

Журнали́стика – интере́сная специа́льность. — Я то́же так ду́маю.

Ми́ша говори́т по-кита́йски. — Я то́же говорю́ по-кита́йски.

А каки́е языки́ вы зна́ете? — Я хорошо́ говорю́ по-кита́йски.
Я та́кже непло́хо чита́ю по-япо́нски.

Упражне́ние 17 다음 빈칸에 то́же와 та́кже 중 알맞은 것을 넣으세요.

1. Она́ журнали́стка. Он ______ журнали́ст.
2. Вы хорошо́ говори́те по-ру́сски. Вы ______ хорошо́ говори́те по-коре́йски.
3. Я чита́ю по-ру́сски, а ______ по-францу́зски.
4. А : Меня́ зову́т Ната́ша.
   Б : Мою́ сестру́ _____ зову́т Ната́ша.
5. А : По-мо́ему, она́ хоро́шая аспира́нтка.
   Б : Я ______ так ду́маю.

6. 접속사 что

러시아어는 의문사가 접속사로 사용되는 경우가 많습니다. что는 '무엇'이란 의미뿐 아니라 명사절을 이끄는 접속사로 사용될 수 있답니다. 영어의 that처럼 쓰이지요. 이때 이 접속사는 생략할 수 없고 그 앞에는 반드시 쉼표가 와야 합니다. 접속사 뒤에는 완전한 문장이 옵니다.

Я ду́маю, что он отли́чный студе́нт.

Профе́ссор зна́ет, что меня́ не́ было на заня́тии.

7. 명사의 불규칙 복수형 복습

(1) 강세의 변화를 동반하는 명사의 복수형에 유의하세요.

слова́рь	словари́	원래 어미 고정 강세지만 주격 단수에서는 제로어미이므로 어간으로 강세이동
стол	столы́	
язы́к	языки́	
каранда́ш	карандаши́	
пиджа́к	пиджаки́	
рубль	рубли́	
рюкза́к	рюкзаки́	
письмо́	пи́сьма	2음절 중성명사 복수에서 강세이동
окно́	о́кна	
сестра́	сёстры	'자매'와 '아내'는 함께 외워 두세요!
жена́	жёны	

(2) 몇몇 남성명사들은 복수형으로 강세 있는 어미 -á를 취합니다.

дом	дома́
го́род	города́
па́спорт	паспорта́
сви́тер	свитера́ / сви́теры
но́мер	номера́
а́дрес	адреса́
профе́ссор	профессора́
дире́ктор	директора́

(3) 복수형에서 -ья를 취하는 소수의 명사가 있습니다(특히 친족명사). 비슷한 강세 패턴끼리 묶어서 외워 두세요!

брат	бра́т**ья**
стул	сту́л**ья**
перо́	пе́р**ья**
сын	сынов**ья́**
муж	муж**ья́**
друг	друз**ья́**

(4) -мя로 끝나는 명사는 중성명사로서 복수로 -ена́ 어미를 취합니다.

и́мя	им**ена́**
вре́мя	врем**ена́**

(5) 출몰모음을 갖는 명사들의 복수형에 유의하세요. 끝에서 두 번째 모음 -о 혹은 -е(ё)가 주격 단수에서만 나타나고 나머지 모든 격과 수의 변화형에서 모두 사라집니다.

от**е́**ц	отцы́
пода́р**о**к	пода́рки

✎ 남성 국적명사 중 -ец로 끝나는 것들은 모두 복수형이나 다른 격에서 출몰모음을 가집니다. [예] америка́нец – америка́нцы (коре́ец – коре́йцы 같은 경우 -й-에 유의!)

(6) 그 밖에 불규칙한 복수형을 알아두세요.

сосе́д	сосе́ди (*сосе́ды가 아님)

✎ 단수는 경자음어간을, 복수는 연자음어간을 가지므로 불규칙합니다.

дочь	до́чери
мать	ма́тери

✎ 이들은 복수에서 어간이 -ер-를 포함한다는 점에 유의합시다.

(7) -о, -е, -и, -у로 끝나는 외래어 명사는 수와 격에 따라 변화하지 않는답니다. 다음 명사들은 모두 중성명사입니다.

ра́дио　　　пальто́　　　кафе́　　　такси́

✎ cf. ко́фе커피는 남성명사입니다.

Упражне́ние 18 다음 명사의 주격 복수형을 쓰세요.

1. кни́га	2. сестра́
3. каранда́ш	4. мать
5. слова́рь	6. брат
7. окно́	8. оте́ц
9. жена́	10. муж

Упражне́ние 19 다음 명사의 주격 복수형을 쓰세요.

1. пальто́	2. па́спорт
3. вре́мя	4. язы́к
5. и́мя	6. стол
7. пода́рок	8. стул
9. дом	10. сын

Упражнéние 20 다음 러시아 민요 Óчи чёрные의 가사를 보면서 명사와 형용사의 복수형을 알아맞춰 보세요.

Óчи чёрные, óчи стрáстные!
Óчи жгýчие и прекрáсные!
Как люблю́ я вас! Как боюсь я вас!
Знать уви́дел вас я в недóбрый час!

Е.П. Гребёнка (1843)

검은 눈동자여, 불타는 눈동자여!
뜨거운 눈동자여, 아름다운 눈동자여!
내 당신을 얼마나 사랑하는지! 내 당신을 얼마나 두려워하는지!
분명 좋은 때에 당신을 본 것은 아니로구나!

КУЛЬТУ́РА

러시아의 가족제도

러시아에서는 자녀가 많지 않은 경우 사촌형제(двою́родный брат)나 사촌자매(двою́родная сестра́)가 친형제(родно́й брат), 친자매(родна́я сестра́)처럼 가깝게 지내기도 합니다. 소비에트 시대에는 여성이 직장을 갖는 것이 일반적이었지만 현재는 가정주부(домохозя́йка)로 있어도 가정경제가 어렵지 않을 만큼의 신흥부유층이 많아졌습니다. 전에는 직업을 가지더라도 집안일을 아내가 도맡아 하는 다소 가부장적 형태의 가족 생활방식이 주류였지만 현재 젊은 세대는 서구의 영향으로 집안일을 분담하는 노력도 보이고 있습니다. 현대 러시아 사회의 큰 문제는 우리나라처럼 높은 이혼율과 저출산입니다. 필자가 아는 러시아 여성 가운데 처음 결혼한 상대와 중년의 나이까지 같이 사는 경우가 드문 것을 봐도 알 수 있지요.

마트료슈카(Матрёшка)

마트료슈카는 Матрёна라는 여성 이름의 지소형으로 흔히 겹겹이인형으로 알려져 있지요. 우리나라에서도 최근 기념품가게 등에서 쉽게 볼 수 있을 정도로 흔한 인형입니다. 러시아로 여행가는 내국인들도 종종 러시아에 다녀온 기념품(сувени́р)으로 이 인형을 사오지요. 그렇지만 이것이 러시아의 전통적인 공예품이라 생각한다면 오해랍니다! 일본의 혼슈 지역 인형에서 영감받아 이를 모방하여 러시아에서는 1890년에 장인들에 의해 처음으로 만들어졌답니다. 처음에는 짝수로 인형을 만들었지만 지금은 주로 홀수로 만드는데, 최소 5개에서 많게는 수십 개가 들어가는 겹인형을 만들지요. 최근에는 정치인을 본뜬 마트료슈카가 많이 나온답니다.

19세기 말 일본 인형의 영향으로 생겨난 가장 인기 있는 기념품 Матрёшка

루바슈카(Руба́шка)

루바슈카는 러시아 소설을 읽다 보면 가장 자주 접하는 셔츠 모양의 상의를 말합니다. руба́шка는 руба́ха의 지소형으로 결국 같은 의미입니다. 러시아 농민들의 전통 의상으로 남성용, 여성용 루바하 혹은 루바슈카가 있는데 흰색인 경우가 많지만 색깔이 있는 것도 있습니다. 여성용 루바슈카는 길어서 드레스처럼 입을 수 있었고 기혼여성은 이 위에 긴 앞치마 모양의 사라판(сарафа́н)을 입기도 했습니다. 루바슈카에 대한 러시아 전통 속담을 배워 봅시다!

С ми́ру по ни́тке — го́лому руба́ха.

사람들에게서 한 땀씩 모으면 헐벗은 사람에게 셔츠가 만들어진다(십시일반).

Своя́ руба́ха бли́же к те́лу.

자신의 셔츠가 몸에 더 붙는다(팔은 안으로 굽는다).

НО́ВЫЕ СЛОВА́

단어	품사	의미
быть	동사(1식)	이다, 있다
име́ть	동사(1식)	가지다
счита́ть	동사(1식)	–라고 간주하다, 생각하다
учи́ться	동사(2식)	학교 다니다
а́дрес	명사	주소
апте́ка	명사	약국
ви́за	명사	비자
вре́мя	명사	시간
глаза́	명사	눈(항상 복수)
журнали́стика	명사	신문방송학
кабине́т	명사	연구실, 사무실
кроссо́вки	명사	운동화, 스니커즈(항상 복수)
литерату́ра	명사	문학
маши́на	명사	자동차
муж	명사	남편
му́зыка	명사	음악
ноутбу́к	명사	노트북(컴퓨터)
оде́жда	명사	의류(집합명사, 항상 단수)
о́ко	명사	눈동자, 눈; 복수는 о́чи
перо́	명사	깃털, 펜
пиджа́к	명사	재킷
пла́тье	명사	원피스
разме́р	명사	크기, 치수
рубль	명사(남성)	루블
специа́льность	명사(여성)	전공
стажиро́вка	명사	실습, 연수

단어	품사	의미
США	명사	미합중국(USA) Соединённые Штáты Амéрики의 약어
телефóн	명사	전화기
фильм	명사	영화
фотоаппарáт	명사	사진기
юбка	명사	치마
вчерá	부사	어제
рáньше	부사	전에
сегóдня	부사	오늘
так	부사	그렇게
тепéрь	부사	이제는
тут	부사	여기에
ужé	부사	이미
откýда	의문부사	어디서, 어디로부터
моби́льный	형용사	휴대가능한, 이동가능한
стари́нный	형용사	옛날의, 낡은, 고풍스러운
такóй	형용사	그러한, 저러한
традициóнный	형용사	전통적인
элегáнтный	형용사	우아한
без	전치사	–없이(+생격)
до	전치사	–까지, –전에(+생격)
из	전치사	–로부터(+생격)
пóсле	전치사	–후에(+생격)
у	전치사	–옆에, –에게(+생격)

УРО́К 6

УНИВЕРСИТЕ́Т

ДИАЛО́ГИ

А Ты у́чишься и́ли рабо́таешь?

Джейн: Сежун, ты у́чишься и́ли рабо́таешь?

Сежун: Учу́сь.

Джейн: А где ты у́чишься в Коре́е?

Сежун: В Сеу́ле, в Сеу́льском госуда́рственном университе́те.

Джейн: Я слы́шала, что там си́льные студе́нты и хоро́шие преподава́тели. На како́м ку́рсе ты у́чишься?

Сежун: На тре́тьем.

Джейн: А на како́м отделе́нии?

Сежун: На отделе́нии ру́сского языка́ и литерату́ры.

Б Кака́я у тебя́ специа́льность?

Сежун: Ми́ша, кака́я у тебя́ специа́льность?

Ми́ша: Эконо́мика.

Сежун: По-мо́ему, э́то тру́дная, но интере́сная специа́льность. А что ты ещё изуча́ешь?

Ми́ша: Я изуча́ю политоло́гию, фи́зику, филосо́фию, коре́йский и кита́йский языки́.

Сежун: Како́й твой са́мый люби́мый предме́т?

Ми́ша: Междунаро́дная эконо́мика. В э́том семе́стре я хочу́ получи́ть хоро́шую оце́нку по э́тому предме́ту[1)].

В Я изуча́ю ру́сский язы́к и литерату́ру.

Ми́ша: Сежун, что ты здесь изуча́ешь?

Сежун: Я изуча́ю ру́сский язы́к и литерату́ру.

Ми́ша: Пра́вда? Како́го ру́сского писа́теля ты лю́бишь бо́льше всего́[2)]?

Сежун: Я люблю́ чита́ть Ф.М. Достое́вского.
В э́том семе́стре я прочита́л его́ рома́н «Бра́тья Карама́зовы» и написа́л о нём рефера́т.

---

1) по э́тому предме́ту: 이 과목에서
2) бо́льше всего́: 무엇보다도

	Кро́ме литерату́ры, я люблю́ ру́сский бале́т и о́перу. Сего́дня я купи́л биле́т на о́перу «Евге́ний Оне́гин» П.И. Чайко́вского.
Ми́ша:	А где ты обы́чно занима́ешься?
Сежун:	Я обы́чно занима́юсь в библиоте́ке, но вчера́ я занима́лся в общежи́тии.

Пётр Ильи́ч Чайко́вский

Фёдор Миха́йлович Достое́вский

Дава́йте поговори́м 1

여러분이 러시아 대학생을 만났다고 가정하고 대학, 학년, 전공, 수강 과목들, 취향 등을 말해 보세요.

Дава́йте поговори́м 2

여러분이 가장 좋아하는 러시아 작가와 작품을 말해 보세요. 다른 친구들의 취향을 알아보도록 노력하고 그것을 기억해 봅시다.

Основны́е выраже́ния

УРО́К 6을 공부하면서 다음 문형을 주어진 표현들을 사용해서 익혀 봅시다.

1. Я учу́сь на филологи́ческом факульте́те Моско́вского госуда́рственного университе́та на отделе́нии ру́сского языка́.
2. Я изуча́ю ру́сский язык и ру́сскую культу́ру. Мой са́мый люби́мый предме́т – ру́сская исто́рия. Меня́ ещё интересу́ет ру́сская литерату́ра.
3. Я сейча́с занима́юсь в библиоте́ке.
4. Я люблю́ чита́ть ру́сские рома́ны. Сего́дня я прочита́л «Войну́ и мир» Л.Н. Толсто́го. Я хочу́ написа́ть курсову́ю рабо́ту об э́том писа́теле.

〈동사〉

изуча́ть(불완)
занима́ться(불완)
учи́ться(불완)
слу́шать(불완)
ви́деть / уви́деть
де́лать / сде́лать
интересова́ть / заинтересова́ть
писа́ть / написа́ть
чита́ть / прочита́ть
встреча́ть / встре́тить
покупа́ть / купи́ть
получа́ть / получи́ть
говори́ть / сказа́ть
хоте́ть(불완)

✎ '/' 왼쪽은 불완료상, 오른쪽은 완료상입니다. 완료상 짝을 아직 배우지 않는 동사들은 단독으로 제시됩니다.

〈과목과 전공〉

	명사	형용사
경제학	эконо́мика	экономи́ческий
정치학	политоло́гия	политологи́ческий
사회학	социоло́гия	социологи́ческий
생물학	биоло́гия	биологи́ческий
물리학	фи́зика	физи́ческий
수학	матема́тика	математи́ческий
지리학	геогра́фия	географи́ческий
심리학	психоло́гия	психологи́ческий
천문학	астроно́мия	астрономи́ческий
의학	медици́на	медици́нский
언어학	лингви́стика	лингвисти́ческий
문학	литерату́ра	литерату́рный
역사(학)	исто́рия	истори́ческий
문화학	культуроло́гия	культурологи́ческий
어문학	филоло́гия	филологи́ческий
교육학	педаго́гика	педагоги́ческий
기계공학	инжене́рия	инжене́рный
전자공학	электроте́хника	электротехни́ческий
외교학	междунаро́дные отноше́ния	
컴퓨터공학	вычисли́тельная те́хника	

ЧТЕ́НИЕ

Сежун – коре́йский студе́нт. Он у́чится в Сеу́льском госуда́рственном университе́те на тре́тьем ку́рсе, на отделе́нии ру́сского языка́ и литерату́ры. В э́том университе́те у́чатся си́льные студе́нты и рабо́тают хоро́шие преподава́тели. Сежун у́чится о́чень хорошо́. Он уже́ свобо́дно говори́т по-ру́сски. Он лю́бит ру́сскую литерату́ру. В э́том семе́стре он прочита́л рома́н «Бра́тья Карама́зовы» Ф.М. Достое́вского и «Войну́ и мир» Л.Н. Толсто́го. Он та́кже лю́бит ру́сскую о́перу. Его́ са́мая люби́мая о́пера – «Евге́ний Оне́гин» П.И. Чайко́вского. Он слу́шал э́ту о́перу мно́го раз[1].

А Ми́ша – ру́сский студе́нт. Он у́чится в Моско́вском госуда́рственном университе́те. Его́ специа́льность – эконо́мика. Ещё он изуча́ет политоло́гию, фи́зику и филосо́фию. Его́ са́мый люби́мый предме́т – междунаро́дная эконо́мика. Он получи́л хоро́шую оце́нку в э́том семе́стре. Ми́ша хо́чет рабо́тать в коре́йской компа́нии «Самсу́нг», поэ́тому сейча́с он изуча́ет коре́йский язы́к. Он уже́ немно́го говори́т и понима́ет по-коре́йски.

1) **мно́го раз** 여러 번

ГРАММА́ТИКА

1. 대격

러시아어 대격은 보통 직접목적어에 사용되는 격입니다. 대격을 익히기 위해서는 '활성(animacy)'이라는 개념을 알아야 합니다. '활성'은 문법적인 개념으로 통상 남성의 사람과 동물이 이에 해당합니다. 남성 단수 활성 대격은 УРО́К 5에서 배운 생격 형태와 동일합니다. 남성 비활성체 명사와 중성 명사, 그리고 연음부호 여성 명사는 주격과 대격의 형태가 동일합니다. 이번 과에서는 단수 명사 모두와 복수 비활성체 명사만을 다루기로 하겠습니다. 왜냐하면 복수 활성체의 대격 형태는 아직 배우지 않은 복수 생격 형태와 일치하기 때문이지요. 어미 -а/-я로 끝나는 여성 단수 명사만이 독립적으로 구별되는 대격어미를 가지므로 이들의 변화형을 눈여겨보도록 합시다.

(1) 여성 단수 형용사/명사/소유 및 지시형용사 대격어미는 주격어미를 다음과 같이 변화시켜 만듭니다.

-а → -у　　　　-ая → -ую

-я → -ю　　　　-яя → -юю

	소유/지시 형용사 대격	어미	형용사 대격	어미	명사 대격	어미
여성 단수	мою́ э́ту	-ю -у	но́вую си́нюю	-ую -юю	газе́ту спа́льню тетра́дь	-у -ю -#
남성 단수 비활성	주격과 동일					
남성 단수 활성	생격과 동일					
중성 단수	주격과 동일					
복수 비활성	주격과 동일					

(2) 중성을 포함한 비활성 단수와 복수에서는 대격 형태가 주격과 동일합니다. 연음부호 -ь로 끝나는 여성 명사는 주격과 대격 형태가 동일하지만 수식어는 (1)에 따라 변화시켜 주어야 합니다.

моя́ мать (주격) → мою́ мать (대격)

на́ша дочь (주격) → на́шу дочь (대격)

(3) 남성 활성 대격 단수 형태는 남성 생격 단수와 같습니다(명사와 수식어 모두 해당).

(4) 어미 -a로 끝나는 주격 형태를 갖는 소수 남성 활성 명사의 격변화는 여성에 준하여 이루어지지만(а → у, я → ю), 수식 형용사가 있는 경우에 형용사는 활성 남성에 준해 변화하므로 주의해야 합니다.

мой де́душка (주격) → моего́ де́душку (대격)

мой дя́дя (주격) → моего́ дя́дю (대격)

(5) 3인칭 소유형용사 его́, её, их는 주격과 마찬가지로 대격 및 다른 모든 격에서 변하지 않습니다.

(6) 인칭대명사와 의문대명사의 대격도 알아둡시다!

주격	я	ты	он	она́	мы	вы	они́	кто	что
대격	меня́	тебя́	его́	её	нас	вас	их	кого́	что

✎ 대격 직접목적어를 취하는 ви́деть보다의 활용형을 익히고 연습문제에 사용해 봅시다.

	ви́деть 보다
я	ви́жу
ты	ви́дишь
он / она́	ви́дит
мы	ви́дим
вы	ви́дите
они́	ви́дят
과거시제	ви́дел, ви́дела, ви́дело, ви́дели

Упражнéние 1 다음 образéц와 같이 주어진 표현을 사용하여 질문을 완성하고 완전한 문장으로 대답하세요.

Образéц:	Вы ви́дите ______________________? 우리 대학교
	А: Вы ви́дите наш университéт?
	Б: Да, я его́ ви́жу. / Нет, я его́ не ви́жу.

1. 나의 명랑한 여동생
2. 당신의 어머니
3. 그녀의 남편
4. 우리의 이모
5. 그들의 오래된 기숙사
6. 이 (남)학생
7. 저 현명한 여학생
8. 저 큰 도서관
9. 우리 교수님
10. 그의 아름다운 아내
11. 이 (여)학생
12. 나의 할아버지
13. Вéра와 Ивáн
14. 나의 새 집
15. 나

Упражнéние 2 빈칸에 해당 형용사와 명사의 대격을 써넣고 문장을 한국어로 해석하세요.

1. Президéнт читáет ______________________.
   докумéнты

2. Ру́сские лю́бят читáть ______________________.
   «Моско́вская прáвда»

3. Америкáнцы лю́бят читáть ______________________.
   техни́ческие журнáлы

4. Он читáет ______________ в библиотéке.
   статья́

5. ______________________ вы лю́бите читáть?
   каки́е кни́ги

6. ______________________________ ты чита́ешь?
какая кни́га

7. Вы чита́ете __________ и́ли __________?
газе́та　журна́л

8. Вы хорошо́ зна́ете ______________________________?
америка́нская литерату́ра

9. ______________________________ чита́ет Ма́ша?
како́й журна́л

10. Я чита́ю ______________________________.
интере́сная но́вая газе́та

Упражне́ние 3 다음을 러시아어로 작문하세요.

1. 나는 프랑스 신문을 읽고 있다.
2. 그들은 러시아어와 러시아 문학을 사랑한다.
3. 난 그 젊은 교수를 알고 있다.
4. 우리들은 새 여선생님을 사랑한다.
5. 너 우리(내) 어머니 봤니?
6. 나는 새 책들을 좋아한다.
7. 그는 영국사를 배웠다.
8. 당신은 그들을 좋아합니까?
9. 그녀가 우리를 보았니?
10. 그는 나의 아버지를 잘 안다.

Упражне́ние 4 다음을 러시아어로 작문하세요.

1. 당신은 러시아 학생을 보았나요?
2. 나는 아버지와 어머니를 사랑한다.
3. 난 그 미국인을 잘 안다.

4. Татья́на는 Евге́ний Оне́гин을 사랑했다.
5. 너희들은 Вади́м과 И́горь를 아니?
6. 나는 한국사에 대한 책들을 읽는 것을 좋아한다.
7. 당신은 이 큰 공장이 보이십니까? 나의 아버지가 거기에서 일하셨지요.
8. 나는 나의 아내를 이해하지 못한다. 그녀 또한 나를 이해하지 못한다.
9. 그녀는 러시아 문학에 대한 책을 쓰고 있었다.
10. 나는 그녀를 사랑한다. 그러나 그녀는 나를 사랑하지 않는다.

2. 재귀동사

동사 учи́ться와 занима́ться는 다소 특이한 동사들입니다. учи́ться는 -ся로 끝나는 재귀동사로서 '(정규 교육기관인)학교에 다니다'란 뜻의 자동사이므로 대격의 직접목적어를 동반할 수 없답니다. учи́ть라는 동사의 본래 의미는 '가르치다, 배우다'로서 결국 자신을 가르치는 것이 '학교 다니다'라는 뜻으로 발전한 겁니다. занима́ться 역시 재귀동사로 혼자 공부하는 것을 뜻하기에 учи́ться와는 다르지요. 재귀동사의 어미 -ся, -сь는 원래 '자신을'이라는 의미의 직접목적어 себя́에서 왔습니다. 따라서 재귀동사는 다른 목적어를 가질 수 없기 때문에 모두 자동사입니다. 동사 활용형에서 자음 어미 다음에는 -ся, 모음 어미 다음에는 -сь가 온다는 사실을 기억하세요!

	учи́ться 학교 다니다	занима́ться 공부하다
я	учу́сь	занима́юсь
ты	у́чишься	занима́ешься
он/она́	у́чится	занима́ется
мы	у́чимся	занима́емся
вы	у́читесь	занима́етесь
они́	у́чатся	занима́ются
과거시제	учи́лся, учи́лась, учи́лись	занима́лся, занима́лась, занима́лись

✎ учи́ться 동사의 어간은 자음의 철자법칙 때문에 ю 대신 у, я 대신 а를 써야 합니다. 아래 여덟 글자 철자법칙을 암기하세요! 이 동사는 또한 강세가 이동하기 때문에 занима́ться 보다 어려우니 주의해서 익혀둡시다.

✪ 여덟 글자 철자법칙 (учу́ – у́чат 규칙)

К, Г, Х, Ш, Щ, Ж, Ч, Ц 다음에는 -ю 대신 -у, -я 대신 -а를 써야 합니다. 그러나 철자법칙은 어디까지나 철자법칙일 뿐, 경자음과 연자음 발음을 반영하는 것이 아님에 유의합시다!

Упражне́ние 5 다음 образе́ц와 같이 주어진 표현과 동사 занима́ться를 사용해서 문장을 만들어 보세요.

Образе́ц: А́ня – библиоте́ка
→ А́ня занима́ется в библиоте́ке.

1. Пе́тя – общежи́тие
2. мы – ко́мната
3. они́ – библиоте́ка
4. ты – дом
5. вы – общежи́тие

Упражне́ние 6 다음을 러시아어로 작문하세요.

1. А: Ми́ша는 보통 어디에서 공부하니?
   Б: 그는 집에서 공부해.
2. Ле́на는 모스크바국립대학에 다니고 있다. 넌 어느 학교 다니니?
3. 나는 학교에 다니고 있고 아직[ещё] 직장에 다니지 않는다.
4. 그는 전에 서울대학교에 다녔지만 지금은 러시아에서 일하고 있다.
5. 나는 오늘 도서관에서 공부했다. 내일 우리는 시험이 있을 것이다.

3. 공부동사: ИЗУЧА́ТЬ vs. УЧИ́ТЬСЯ vs. ЗАНИМА́ТЬСЯ

동사 изучáть배우다는 대격 직접목적어를 요구하는 타동사인 반면, 재귀동사 учи́ться는 자동사로서 그 다음에는 부사(구)가 올 수 있을 뿐 대격 직접목적어는 올 수 없습니다. '공부하다, 자습하다, 숙제하다'를 의미하는 동사 занимáться는 учи́ться와 마찬가지로 재귀동사이자 자동사로서 대격 목적어를 가질 수 없지만 부사(구)를 동반할 수 있습니다.

– Где вы **ýчитесь**?
– В Сеýльском госудáрственном университéте.
– А что вы там **изучáете**?
– Рýсский язы́к.
– Вы хорошó **ýчитесь**?
– Да, неплóхо.
– А где вы обы́чно **занимáетесь**?
– В библиотéке.

	учи́ться	**изучáть**	**занимáться**
단독	Я учýсь		Я занимáюсь
대격의 직접목적어		Я изучáю рýсский язы́к	

	учи́ться	**занимáться**
장소나 시간 부사	Сейчáс я учýсь в Сеýльском госудáрственном университéте.	Я занимáюсь в библиотéке. Я всегдá там занимáюсь.
방법 부사	Я хорошó учýсь.	

Упражнéние 7 동사 занимáться, учи́ться, изучáть 중 적당한 단어를 알맞은 형태로 빈칸에 써 넣으세요.

1. Я неплóхо ___________________ в университéте.
2. А : Где ты ___________________ вчерá?
   Б : Вчерá я ___________________ в библиотéке.
3. Я ___________________ рýсскую истóрию и литератýру.
4. А : В какóм университéте вы _________?
   Б : Я _____________ в МГУ.
5. Он не рабóтает, а _______________ в аспирантýре.

4. 학교·전공 관련 명사

학교·전공과 관련된 어휘는 전치사 на를 요구하는 경우가 많답니다. курс학년, кáфедра학과, отделéние학과, факультéт학부, лéкция강의, занятие수업 등이 그러한 경우인데 아래 예들을 참조하세요. 이들은 모두 동사 учи́ться와 함께 쓰입니다.

- 학년: на + пéрвом / вторóм / трéтьем / четвёртом / пя́том + кýрсе
- 학부: на + филологи́ческом / математи́ческом / истори́ческом + факультéте
- 학과: на + кáфедре(отделéнии) + рýсского / испáнского / китáйского языкá
- 강의: на + лéкции / заня́тии

✎ 그러나 전치사 в가 사용되는 표현들도 있지요.
в э́том семéстре: 이번 학기에

Упражнéние 8 다음 образéц와 같이 주어진 표현과 적절한 전치사를 사용하여 문장을 만드세요. 주어와 동사의 일치, 명사와 형용사의 일치에 주의하세요. 전치사 в와 на 뒤에 쓰이는 명사를 전치격으로 바꾸어야 합니다.

Образéц:	Сáша / учи́ться / институ́т → Сáша ýчится в институ́те.

1. Где / вы / учи́ться?
2. Мы / учи́ться / большóй / университéт
3. Я / учи́ться / истори́ческий / факультéт
4. А́нна и Ди́ма / учи́ться / Москóвский госудáрственный университéт
5. Ты / учи́ться / институ́т / и́ли / университéт?
6. Какóй / курс / учи́ться / твой / сосéди?
7. Кто / учи́ться / аспиранту́ра?
8. Ты / учи́ться / трéтий / курс
9. Онá / учи́ться / кáфедра / англи́йский язы́к
10. Какóй / отделéние / вы / учи́ться?

Упражнéние 9 다음을 러시아어로 작문하세요.

1. 그는 인문학부, 러시아어과에 다니고 있다.
2. А: 너 지금 어디니?
   Б: 나는 지금 강의 참석 중이야.
3. Николáй는 경제학부 2학년에 재학 중이다.
4. 나는 이번 학기에 러시아어를 배우고 있다.
5. 그의 전공은 사회학이다.

5. 형용사의 최상급

형용사 바로 앞에 최상급을 나타내는 형용사 сáмый, сáмая, сáмое, сáмые를 성, 수, 격에 맞게 놓으면 최상급 의미를 나타냅니다.

сáмая люби́мая мýзыка	가장 좋아하는 음악
сáмый люби́мый предмéт	가장 좋아하는 과목
сáмое большóе здáние	가장 큰 건물
сáмые краси́вые студéнтки	가장 예쁜 여대생들

Москвá — э́то сáмый большóй гóрод в Росси́и.
Лéна — э́то сáмая дли́нная рекá в Росси́и.
Байкáл — э́то сáмое глубóкое óзеро в ми́ре.
Кавкáзские гóры — э́то сáмые высóкие гóры в Росси́и.

сáмый лýчший дом	가장 좋은 집
сáмая хýдшая шкóла	가장 나쁜 학교
лýчший телеви́зор	더 좋은/가장 좋은 텔레비전
хýдшие часы́	더 나쁜/가장 나쁜 시계
стáрший брат	손위/맏형(오빠)
млáдшая сестрá	손아래/막내 자매(누이)

✎ 때로는 сáмый, сáмая, сáмое, сáмые 다음에 비교급을 두어 최상급을 만들거나 비교급과 최상급이 하나의 형태를 가지기도 합니다.

Упражнéние 10 다음을 러시아어로 작문하세요.

1. 그는 가장 좋은 휴대폰을 가지고 있다.
2. 내가 가장 좋아하는 작가는 도스토예프스키이다.
3. 어떤 나라가 세계에서 가장 큽니까?

4. 러시아가 세계에서 가장 큰 나라다.
5. Андрéй는 나의 오빠이다.

Упражнéние 11 다음 사항을 포함하여 자신을 소개하는 글을 러시아어로 작성해 보세요.

1. 자신의 이름, 국적, 살고 있는 곳
2. 자신의 학교, 과(학부), 학년, 전공
3. 자신이 공부하고 있는 과목(들), 가장 좋아하는 과목(들)

6. 동사의 상(Aspect, Вид)

러시아어 동사는 완료상(совершéнный вид)과 불완료상(несовершéнный вид) 중 하나를 반드시 표시해야 한답니다. 상은 시제와 마찬가지로 러시아어 동사의 문법 범주로 나타나는데 상의 선택은 외국인들에게는 가장 난해하고 불가사의한 문법 영역이라 하겠습니다. 완료상이 선택되어야 할 요인이 분명한 경우를 제외하고는 불완료상이 선택된다는 점에서 많은 문법학자들은 불완료상의 의미 영역이 더 넓다고 여깁니다. 불완료상과 완료상의 의미적 차이는 결국 화자의 관점이나 해석과 연관된다고 하겠습니다. 완료상이 사건을 총체적이고 한정된 것으로 본다면, 불완료상에는 이 같은 총체성과 한정성이 나타나지 않습니다. 물론 동사 자체의 어휘의미적 특성도 상 선택에 있어 고려해야 할 요소입니다.

6.1. 상의 구분과 사용

- 완료상

(1) 완료된 단일한 동작, 주로 단기적 진행과 결과의 강조가 나타나는 경우 완료상 동사를 사용합니다.

(2) 과거, 미래시제에 사용됩니다. 완료상 동사의 활용형은 미래시제가 됩니다(미래시제는 УРÓК 7 참조). 완료상은 현재시제에서는 사용할 수 없습니다.

(3) 완료상을 사용한 부정문은 시도되었지만 결과에서 실패했거나 완성에 이르지 못한 경우를 나타냅니다.

(4) 다음 부사들은 통상 완료상 동사와 함께 사용됩니다: ужé이미, ещё не아직 –않다, вдруг갑자기, потóм그러고 나서, пóсле э́того이것 후에

● 불완료상

(1) 완료나 결과에 대한 명확한 지적이 나타나지 않은 경우, 과정이나 지속 또는 반복이 나타나는 경우, '-하기, -하는 것'과 같은 활동 그 자체를 일컬을 때 불완료상 동사를 사용합니다.

(2) 모든 시제에 사용할 수 있으며, 현재시제에는 불완료상만 사용됩니다.

(3) 불완료상 부정문인 경우, 아예 시도조차 이루어지지 않은 경우를 나타냅니다.

(4) 반복, 지속 등을 나타내는 다음 부사들은 전형적으로 불완료상 동사와 함께 사용됩니다: кáждый день매일, всегдá언제나, чáсто자주, рéдко드물게, иногдá가끔, обы́чно보통, весь / цéлый день하루 종일, дóлго오랫동안, три часá세 시간 동안

Упражнéние 12 다음을 러시아어로 옮길 경우 동사에 어떤 상을 사용하게 될지 맞춰 보세요.

1. 너 지금 뭐하고 있니?
2. 나는 어제 하루 종일 책을 읽었다.
3. 그는 이미 편지를 다 썼다.
4. 우리는 작년에 처음 만났다.
5. 그들은 일요일마다 영화를 보러 간다.
6. 내가 방에서 숙제를 하고 있었을 때 갑자기 어머니가 들어오셨다.
7. 내일 나는 이 책을 다 읽을 것이다.
8. 그는 농구하는 것을 좋아한다.
9. 나는 열쇠를 곧잘 잃어버리곤 했다.
10. 내가 모스크바에 살고 있었을 때 그는 자주 나를 방문했다.

6.2. 상의 형태적 특성*

- 불완료상에 접두사를 붙여 완료상을 만드는 경우

де́лать / **с**де́лать 하다
чита́ть / **про**чита́ть 읽다
писа́ть / **на**писа́ть 쓰다

- 완료상 어간에 -ива-, -ыва-를 붙여 불완료상을 만드는 경우

опа́зд**ыва**ть / опозда́ть 늦다
зака́з**ыва**ть / заказа́ть 주문하다

- 동사 어간이 변형되는 경우

покупа́ть / купи́ть 사다
получа́ть / получи́ть 받다
встреча́ть / встре́тить 만나다

- 두 상이 완전히 다른 동사로 나타나는 경우

брать / взять 취하다, 가져가다
говори́ть / сказа́ть 말하다

Мы **чита́ли** э́ту кни́гу весь ве́чер.
Он уже́ **прочита́л** э́ту статью́.
Я ка́ждый день **писа́л** пи́сьма.
Я уже́ **написа́л** курсову́ю рабо́ту.

* 이하 불완료상 / 완료상 순서로 표시됨.

이번 과에서는 불완료상의 현재 및 과거시제, 완료상의 과거시제만 사용하여 연습하세요. 완료상 동사의 변화형들은 미래시제를 의미하는데, 이에 대해서는 **УРО́К 7**에서 다룰 것입니다. 다음 동사들의 상의 짝을 익히고 연습문제를 풀어 봅시다.

чита́ть / прочита́ть	읽다
писа́ть / написа́ть	쓰다
де́лать / сде́лать	하다
встреча́ть / встре́тить	만나다
покупа́ть / купи́ть	사다
получа́ть / получи́ть	받다
говори́ть / сказа́ть	말하다
ви́деть / уви́деть	보다, 보이다
интересова́ть / заинтересова́ть	흥미를 느끼게 하다

	интересова́ть	встреча́ть	ви́деть
я	интересу́ю	встреча́ю	ви́жу
ты	интересу́ешь	встреча́ешь	ви́дишь
он / она́	интересу́ет	встреча́ет	ви́дит
мы	интересу́ем	встреча́ем	ви́дим
вы	интересу́ете	встреча́ете	ви́дите
они́	интересу́ют	встреча́ют	ви́дят

✎ интересова́ть의 동사변화에서 -ова- → -уй-.

✎ покупа́ть, получа́ть의 동사변화는 встреча́ть에 준함.

● 양상표현 хоте́ть원하다, до́лжен해야 한다 다음에는 주로 완료형 동사가 옵니다 (до́лжен은 УРО́К 7 참조).

	хоте́ть
я	хочу́
ты	хо́чешь
он / она́	хо́чет
мы	хоти́м
вы	хоти́те
они́	хотя́т
과거시제	хоте́л, хоте́ла, хоте́ло, хоте́ли

✎ хоте́ть원하다의 동사변화는 1식과 2식의 활용형이 섞여 있으니 유의하여 익히세요.

Упражне́ние 13 다음을 러시아어로 작문하세요.

1. 그는 하루 종일 편지들을 썼다.
2. 그녀는 어제 러시아 소설을 샀다. 오늘 그녀는 벌써 이것을 다 읽었다.
3. 전에 나는 이 가게에서 매일 우유를 사곤 했다.
4. 나는 이번 학기에 좋은 성적[оце́нка]을 받고 싶다.
5. 그는 이 숙제를 아직 다 못했다(숙제하다: де́лать дома́шнее зада́ние).
6. 나는 Ма́ша를 어제 박물관에서 만났다. 나는 그녀를 거기서 자주 만난다.
7. 그는 수학이 자신의 흥미를 끈다고 말했다.
8. 어제 Ната́ша는 편지를 받았다. 그녀는 가끔 편지를 받곤 한다.
9. 나는 새 구두를 사고 싶다.
10. 나는 러시아 잡지 읽는 것을 좋아한다.

Упражне́ние 14 주어진 단어들과 필요한 전치사를 활용하여 문법적·의미적으로 적합한 문장 10개를 작문하세요. 모든 단어를 다 사용하지 않아도 되지만 가능한 한 긴 문장을 만들어 보세요.

주어	동사	직접목적어	장소
я	учи́ться	англи́йский язы́к	университе́т
студе́нты	изуча́ть	ру́сская газе́та	факульте́т
вы	чита́ть	филосо́фия	институ́т
преподава́тель	понима́ть	интере́сная кни́га	дом
америка́нец	рабо́тать	эконо́мика	общежи́тие
мы	знать	литерату́ра	ле́кция

КУЛЬТУ́РА

러시아의 교육과 학제

러시아의 교육제도는 미국보다는 우리와 비슷하지만 우리 교육제도가 미국의 제도를 많이 모방하면서 달라지게 되었지요. 가령 우리나라도 예전에는 대학 입학과 동시에 전공을 선택하여 학과를 정했는데 러시아는 지금도 여전히 전공학과를 미리 정해 대학생활을 시작합니다. 대학(университéт) 외에 고등교육기관인 ВУЗ(вы́сшее учéбное заведéние)로 전문적인 전공분야에 집중하는 인스티튜트(институ́т)가 있답니다. 가령 медици́нский институ́т, энергети́ческий институ́т 등이 있지요. 우리나라의 '연구소'와는 다르다는 점에 주목하세요. 1990년대 이후 새로운 단과대학과 유사한 кóлледж들이 생겨나기도 했습니다.

대학은 4년 과정이 아니라 5년 과정이며 우리의 수능시험에 해당하는 대학입학시험이 매우 중요하답니다. 러시아에서는 전통적으로 필기시험뿐 아니라 구두시험도 매우 중요합니다. 각 대학에서 치르는 대학입시에서도 구두시험을 보지요. 대학을 졸업할 때 졸업논문을 써야 학사학위를 받을 수 있고, 이후 대학원(аспиранту́ра)에 입학할 수 있습니다. 러시아의 학위제도는 미국과 좀 다른데 Ph.D(박사학위)로 인정할 수 있는 кандидáт наýк와 그보다 더 독창성을 요구하고 취득하기 힘든 дóктор наýк가 있습니다. 고등교육기관 수업료는 대부분 면제되는데 성적이 좋지 않은 경우에는 일부 수업료를 내기도 한답니다. 대부분 대학이나 인스티튜트가 큰 도시에 분산되어 있어 미국과 같은 캠퍼스 타운은 없습니다.

кáфедра, отделéние는 우리의 '학과'에 상응하는 개념이지만 факультéт는 우리 학제에 상응하는 개념이 없습니다. 가령 러시아에는 수학학부(математи́ческий факультéт), 역사학부(истори́ческий факультéт), 어문학부(филологи́ческий факультéт) 등이 독립된 단

위로 존재합니다.

러시아가 자본주의화, 자유화된 이후로는 등록금이 더 비싸고 교육의 질이 더 높은, 부유층을 겨냥한 사립 중·고등학교들(ча́стные шко́лы, гимна́зии, лице́и)이 많이 생겼습니다. 우리나라와 비슷하게 러시아 역시 학맥과 학연이 중요한데 같은 학교를 다니면서 형성된(со студе́нческой скамьи́) 우정이 평생을 좌우할 정도로 중요하지요. 전 세계 어디에서나 그렇지 않을까요?

МГУ(Моско́вский госуда́рственный университе́т)

모스크바국립대학은 1755년도 언어학자, 시인, 사상가이며 과학자인 Михаи́л Васи́льевич Ломоно́сов(1711-1765)에 의해 창설되었어요. 그는 또한 최초로 러시아어 문법서를 내기도 했답니다. МГУ에 가면 그의 동상과 흉상을 쉽게 찾아볼 수 있습니다. 모스크바국립대학이나 푸틴 전직 대통령이 나온 상트페테르부르크국립대학(СПбГУ)은 러시아에서 가장 입학하기 힘든 대학들이랍니다.

모스크바국립대학 전경

러시아 학교의 평가등급제도와 학위

우리나라에서 예전에 수/우/미/양/가로 성적을 매기던 것과 유사하게 러시아에서는 다음과 같은 등급으로 점수를 매긴답니다. 성적표에 과목별로 다음 등급 가운데 하나가 기입되지요. S/U 등급 가운데 패스는 зачёт입니다.

отли́чно > хорошо́ > удовлетвори́тельно > неудовлетвори́тельно

초·중등학교의 경우, 이를 점수화하여 5점, 4점, 3점, 2점 그리고 드물게 1점으로 등급을 매깁니다.

Я получи́л(а) пятёрку/четвёрку/тро́йку/дво́йку/едини́цу

러시아 학제에서 학위(учёная сте́пень)는 университе́т나 институ́т를 졸업하고 졸업장(дипло́м)을 받은 후 대학원(аспиранту́ра)을 졸업하고 받는 박사학위인 кандида́тская сте́пень과 до́кторская сте́пень이 있습니다. 둘 다 시험을 치르고 졸업논문을 써야 하지만 후자는 책으로 출판하는 것과 많은 연구실적을 요구합니다. 법학이나 의학 학위는 학부에서 받을 수 있으며 미국의 로스쿨, 메디컬스쿨의 제도는 러시아에 없습니다.

ВНИМА́НИЕ!

학교·수업 관련 표현

- **про́пуск**: 학생증(통행증)으로 이것이 없으면 기숙사에 들어갈 때 애를 먹는답니다. 때로 제복을 입은 경비가 검사하기도 합니다.

- **дежу́рный**(남성) / **-ая**(여성): 러시아 학교기숙사에는 각 층과 입구마다 관리인이 교대로 상주합니다.

- **стажёр**: 교환학생이나 연수생을 이렇게 부르지요.

- **семе́стр**(осе́нний- / весе́нний-): 학기(가을- / 봄-)

- **кани́кулы**(зи́мние- / ле́тние-): 방학(겨울- / 여름-)

- **зада́ния**
  сочине́ние작문, упражне́ние연습문제, дома́шнее зада́ние숙제, докла́д발표, *дипло́мная рабо́та학위논문

- **экза́мены**
  контро́льная рабо́та퀴즈, у́стный экза́мен구두시험, пи́сьменный экза́мен필기시험, зачёт기말시험, курсова́я рабо́та기말과제

- **заня́тия**
  заня́тие수업, уро́к수업, 과(교재), ле́кция강의, семина́р세미나

- **отме́тки / оце́нка**: 성적 / 평가

---

* 구어에서는 보통 줄여서 дипло́м이라고 함

다음은 교육과정 단계별로 구별되어 사용되는 어휘랍니다.

교육기관	шкóла	университéт институ́т	аспиранту́ра
선생	преподавáтель учи́тель(-ница)	профéссор доцéнт조교수 преподавáтель	профéссор доцéнт
선생들끼리	коллéга동료	коллéга	коллéга
학생	шкóльник(-ница) учени́к(-ни́ца)	студéнт(-ка)	аспирáнт(-ка)
학생들끼리	однoклáссник (-ница)동급생	однoку́рсник (-ница)	
학년	класс	курс	год обучéния
졸업장	аттестáт	диплóм	диплóм
졸업생	выпускни́к	матемáтик журнали́ст …	кандидáт наук дóктор наук

НО́ВЫЕ СЛОВА́

단어	품사	의미
брать / взять	동사	가져가다, 취하다
ви́деть / уви́деть	동사	보다, 보이다
встреча́ть / встре́тить	동사	만나다
говори́ть / сказа́ть	동사	말하다
зака́зывать / заказа́ть	동사	주문하다
занима́ться	동사(불완)	자습하다, 공부하다
интересова́ть / заинтересова́ть	동사	흥미를 느끼게 하다
опа́здывать / опозда́ть	동사	늦다
покупа́ть / купи́ть	동사	사다
получа́ть / получи́ть	동사	받다
слу́шать / послу́шать	동사	듣다, 귀기울이다
слы́шать	동사(불완)	듣다, 들리다
учи́ться	동사(불완)	학교에 다니다
хоте́ть	동사(불완; 불규칙)	원하다
биле́т	명사	표, 티켓
война́	명사	전쟁
гора́	명사	산
мир	명사	평화
о́пера	명사	오페라
оце́нка	명사	평가, 성적
политоло́гия	명사	정치학
предме́т	명사	과목
рефера́т	명사	보고서, 리포트
рома́н	명사	소설
семе́стр	명사	학기

단어	품사	의미
фи́зика	명사	물리학
филосо́фия	명사	철학
эконо́мика	명사	경제학
вдру́г	부사	갑자기
до́лго	부사	오랫동안
обы́чно	부사	보통
по-мо́ему	부사	내 생각에는
пото́м	부사	그러고 나서
пра́вда	부사	정말로
кро́ме	전치사	-외에, -외에도(+생격)
глубо́кий	형용사	깊은
дли́нный	형용사	긴
истори́ческий	형용사	역사의
кавка́зский	형용사	카프카즈의
курсово́й	형용사	수업의
лу́чший	형용사	더 좋은
люби́мый	형용사	좋아하는
математи́ческий	형용사	수학의
междунаро́дный	형용사	국제적인
са́мый	형용사	가장
си́льный	형용사	강한, 실력있는
филологи́ческий	형용사	인문학의
ху́дший	형용사(비교급)	더 나쁜
це́лый	형용사	온, 전체의
ещё не	표현	아직 -않다

УРО́К 7

ПРИГЛАШЕ́НИЕ НА КОНЦЕ́РТ, В КИНО́, НА ДА́ЧУ

ДИАЛО́ГИ

A Не хо́чешь пойти́ на джаз конце́рт?

А́нна: Сежун, что ты бу́дешь де́лать по́сле э́того заня́тия?

Сежун: А что?

А́нна: У меня́ есть биле́ты на джаз конце́рт сего́дня ве́чером. Не хо́чешь пойти́ вме́сте?

Сежун: Хочу́. А во ско́лько конце́рт?

А́нна: Конце́рт начина́ется в полови́не восьмо́го, но пе́ред конце́ртом[1)] мы должны́ поу́жинать. Дава́й встре́тимся в це́нтре в шесть часо́в.

Сежун: Я зна́ю хоро́ший италья́нский рестора́н в це́нтре. Я был там не́сколько раз[2)]. В э́том рестора́не са́мая вку́сная в Москве́ пи́цца.

---

1) пе́ред конце́ртом: '콘서트 전에'라는 의미로 пе́ред는 조격을 취하는 전치사이며 конце́ртом은 우리가 아직 배우지 않은 조격 단수 형태입니다.

2) не́сколько раз: 몇 번

А́нна:	Отли́чно! Договори́лись!
Сежун:	Ой, извини́, уже́ без пяти́ три. Я до́лжен бежа́ть. Опа́здываю на ле́кцию.
А́нна:	Хорошо́. До ве́чера.
Сежун:	Пока́!

Б Дава́й пойдём в кино́.

Сежун:	Алло́! Джейн, э́то ты?
Джейн:	Да, я. Здра́вствуй, Сежун!
Сежун:	Что ты сейча́с де́лаешь? Не хо́чешь пойти́ в кино́?
Джейн:	К сожале́нию, сейча́с не могу́. Я должна́ написа́ть рефера́т. За́втра у меня́ после́днее заня́тие.
Сежун:	Тогда́ жела́ю успе́ха.

В Вы не хоти́те пое́хать на на́шу да́чу?

Ми́ша:	Алло́, Мина? Э́то Ми́ша. Как дела́?
Мина:	Норма́льно. У меня́ вчера́ был после́дний экза́мен. Сего́дня я отдыха́ю до́ма. А у тебя́ как дела́?
Ми́ша:	Хорошо́. Кста́ти, Сежун у тебя́?
Мина:	Нет. Сежун сейча́с в библиоте́ке. Он сказа́л, что

сего́дня до́лжен зако́нчить курсову́ю рабо́ту.
А что?

Ми́ша: Вы не хоти́те пое́хать на на́шу да́чу за́втра у́тром? Сейча́с уже́ иду́т[3)] бе́лые грибы́.

Мина: Я спрошу́ Сежуна. Он сего́дня за́нят, но за́втра, по-мо́ему, бу́дет свобо́ден весь день.
Я давно́ хоте́ла побыва́ть на ру́сской да́че.
О́чень ра́да, что ты нас пригласи́л. Спаси́бо за приглаше́ние.

Ми́ша: Не́ за что.

Мина: А на чём мы пое́дем?

Ми́ша: На электри́чке, а пото́м на авто́бусе.

Мина: Как до́лго мы бу́дем е́хать?

Ми́ша: Приблизи́тельно два часа́.

Дава́йте поговори́м 1

친구에게 영화 보러 가자고 초대해 봅시다. 긍정과 부정의 두 가지 대답이 들어간 두 종류의 대화를 만들어 보세요.

3) иду́т: 자라다, 나다; 동사 идти́의 현재시제 3인칭 복수형

Дава́йте поговори́м 2

러시아 친구가 여러분을 다차(да́ча)에 초대한다고 가정하고 짧은 대화를 만들어 보세요.

Основны́е выраже́ния

УРО́К 7을 공부하는 동안 다음 문형들을 주어진 표현을 사용하여 연습해 봅시다.

1. А: Куда́ ты идёшь / е́дешь?
   Б : Я иду́ / е́ду в магази́н / в университе́т.

2. А: Куда́ ты ходи́л по́сле заня́тия?
   (Где ты был по́сле заня́тия?)
   Б : Я ходи́л в библиоте́ку.
   (Я был в библиоте́ке.)

3. Когда́ я е́хала домо́й на велосипе́де, я встре́тила И́ру.

4. Я хочу́ пое́хать в Пуса́н. Сего́дня я не смог пое́хать туда́, потому́ что я до́лжен был написа́ть рефера́т. Я пое́ду туда́ за́втра.

5. А: Во ско́лько / Когда́ мы встре́тимся?
   Б : В полови́не седьмо́го.

6. А: Что ты бу́дешь де́лать сего́дня ве́чером?
   Б : Я бу́ду отдыха́ть до́ма.

〈동사〉

идти́ / пойти́
ходи́ть(불완)
опа́здывать(불완)
у́жинать / поу́жинать
встреча́ться / встре́титься
приглаша́ть / пригласи́ть

е́хать / пое́хать
е́здить(불완)
отдыха́ть(불완)
мочь / смочь
начина́ться / нача́ться
спра́шивать / спроси́ть

〈명사〉

	남성	여성	중성
경자음 어간	конце́рт теа́тр авто́бус тролле́йбус по́езд велосипе́д клуб вокза́л стадио́н магази́н	апте́ка рабо́та библиоте́ка шко́ла маши́на электри́чка	метро́(불변)
연자음 어간		ле́кция ста́нция	зада́ние заня́тие приглаше́ние сочине́ние

ЧТЕ́НИЕ

А́нна пригласи́ла Сежуна на джаз конце́рт, и они́ вме́сте ходи́ли в конце́ртный зал в це́нтре го́рода. Пе́ред конце́ртом они́ у́жинали в хоро́шем италья́нском рестора́не недалеко́ от[1] конце́ртного за́ла. Сежун счита́ет, что там отли́чная ку́хня и хоро́шие ви́на. Он уже́ был в э́том рестора́не не́сколько раз. А́нна то́же лю́бит италья́нскую ку́хню. Поэ́тому они́ договори́лись снача́ла поу́жинать[2] в э́том рестора́не, а пото́м пойти́ на джаз конце́рт.

Ми́ша пригласи́л Мину и Сежуна на да́чу. Мина и Сежун о́чень ра́ды, потому́ что они́ давно́ хоте́ли побыва́ть на ру́сской да́че. У Ми́ши нет маши́ны, поэ́тому они́ пое́дут на да́чу на электри́чке. Они́ пойду́т в лес: сейча́с там мно́гие[3] собира́ют бе́лые грибы́. Мина и Сежун то́же бу́дут собира́ть грибы́.

---

1) **недалеко́ от** -로부터 멀지 않은; 전치사 от 뒤에는 생격명사가 옵니다.

2) **договори́ться＋동사원형** -하기로 정하다, 약속하다, 합의보다

3) **мно́гие** 많은 사람들

ГРАММА́ТИКА

1. 동사의 미래시제와 상

러시아 동사는 과거시제인 경우 상과 관련없이 모두 동사어간에 어미 -л-을 붙입니다. 하지만 미래시제인 경우 상에 따라 미래를 만드는 방법이 많이 다르답니다. 불완료상 동사인 경우 BE 동사(быть)의 인칭/수 활용형에 동사의 원형을 결합하여 만들지요. 동사 **быть**는 활용어간(бу́д-)과 동사원형의 어간(бы-)이 다르며 어미는 제1활용 유형입니다.

	быть
я	бу́ду
ты	бу́дешь
он/она́	бу́дет
мы	бу́дем
вы	бу́дете
они́	бу́дут
과거시제	был, была́, бы́ло, бы́ли (강세변화 주의!)

– Что вы бу́дете де́лать сего́дня ве́чером?
– Я бу́ду отдыха́ть до́ма.

불완료상 미래형은 상대방의 의향을 묻는 경우에도 나타날 수 있습니다.

Что вы бу́дете зака́зывать? 무엇을 주문하시겠습니까?

완료상 동사는 활용형 자체가 미래시제를 나타내므로 따로 **быть** 활용형을 조동사로 둘 필요가 없습니다. 완료상 동사는 과거(-л)와 미래시제만 있고 현재시제가 없답니다. 이는 완료상이라는 상의미와도 연관되는데 완료 의미와 현재진행 의미는 양립하기 힘들기 때문입니다.

	현재	미래	과거
불완료상	Я читáю Я пишý	Я бýду читáть. Я бýду писáть.	Я читáл э́ту кни́гу. Я писáл сочинéние.
완료상	Ø	Я прочитáю. Я напишý.	Я прочитáл э́ту кни́гу. Я написáл сочинéние.

완료상 미래와 불완료상 미래를 선택하는 기준은 УРÓК 6에서 살펴보았던 과거 시제에서의 상 선택 기준과 동일합니다. 즉, 반복, 지속, 진행, 행위 자체 등의 맥락에서는 불완료상을 사용하고, 단일한 일회적 사건의 완결에 초점이 맞추어질 때에는 완료상을 사용하지요.

● УРÓК 6에서 배웠던 동사들의 완료상 변화형을 알아봅시다.

	встрéтить	**купи́ть**	**получи́ть**	**сказáть**
я	встрéчу	куплю́	получý	скажý
ты	встрéтишь	кýпишь	полýчишь	скáжешь
он / онá	встрéтит	кýпит	полýчит	скáжет
мы	встрéтим	кýпим	полýчим	скáжем
вы	встрéтите	кýпите	полýчите	скáжете
они́	встрéтят	кýпят	полýчат	скáжут

- 새로운 동사들의 상의 짝을 익혀 봅시다.

ýжинать / поýжинать 저녁식사하다
мочь / смочь –할 수 있다
встречáться / встрéтиться 서로 만나다
начинáться / начáться 시작되다
закáнчиваться / закóнчиться 끝나다
приглашáть / пригласúть 초대하다
спрáшивать / спросúть 묻다

	с / мочь	пригласúть	спросúть
я	с / могý	приглашý	спрошý
ты	с / мóжешь	пригласúшь	спрóсишь
он / онá	с / мóжет	пригласúт	спрóсит
мы	с / мóжем	пригласúм	спрóсим
вы	с / мóжете	пригласúте	спрóсите
онú	с / мóгут	приглася́т	спрóсят
과거 시제	с / мог с / моглá с / моглó с / моглú	пригласúл пригласúла пригласúло пригласúли	спросúл спросúла спросúло спросúли

	начáться	закóнчиться	встрéтиться
я	начнýсь	закóнчусь	встрéчусь
ты	начнёшься	закóнчишься	встрéтишься
он / онá	начнётся	закóнчится	встрéтится
мы	начнёмся	закóнчимся	встрéтимся
вы	начнётесь	закóнчитесь	встрéтитесь
онú	начнýтся	закóнчатся	встрéтятся
과거 시제	начался́ началáсь началóсь началúсь	закóнчился закóнчилась закóнчилось закóнчились	встрéтился встрéтилась встрéтилось встрéтились

✎ у́жинать/поу́жинать, встреча́ться, начина́ться, зака́нчиваться, приглаша́ть, спра́шивать는 규칙적인 1식 동사입니다.

✎ мочь/смочь, нача́ться의 과거형에서 강세 위치에 주의하세요.

✎ начина́ть/нача́ть시작하다, зака́нчивать/зако́нчить끝내다는 재귀동사인 начина́ться/нача́ться시작되다, зака́нчиваться/зако́нчиться끝나다와 달리 타동사입니다.

начина́ть/нача́ть	начина́ться/нача́ться
начина́ть я начина́ю ты начина́ешь он/она́/оно́ начина́ет мы начина́ем вы начина́ете они́ начина́ют он начина́л (-ла, -ло, -ли)	**начина́ться** он/она́/оно́ начина́ется они́ начина́ются он начина́лся (-лась, -лось, -лись)
нача́ть я начну́ ты начнёшь он/она́/оно́ начнёт мы начнём вы начнёте они́ начну́т он на́чал (-ла́, -ло, -ли)	**нача́ться** он/она́/оно́ начнётся они́ начну́тся он начался́ (-ла́сь, -ло́сь, -ли́сь)
– Я начина́ю чита́ть рома́н. – Я начну́/на́чал чита́ть рома́н.	– Конце́рт начина́ется в 8 часо́в. – Конце́рт начнётся/начался́ в 8 часо́в.

Упражне́ние 1 다음 빈칸에 알맞은 동사를 넣으세요. 맥락에 따라 적절한 시제와 상을 선택하세요.

1. Я обы́чно _______________ молоко́ в э́том магази́не, но за́втра я
사곤 한다

_______________ в том магази́не.
살 것이다

2. И́горь ________________, где А́нна живёт.
말해 줄 거야

3. Я ча́сто ___________________ Ната́шу в университе́те.
만난다

Сего́дня у́тром я то́же ________________ её о́коло библиоте́ки.
만났다

4. А: Кого́ ещё мы __________________ на конце́рт?
초대할까

Б : Я хочу́ ___________________ Анто́на Ива́новича.
초대하고 싶어

А: Я уже́ его́ _______________________.
초대했어

5. А: Что вы бу́дете де́лать за́втра?

Б : Я _______________ пи́сьма, а мой муж ________________ кни́ги.
쓸 겁니다 읽을 겁니다

Упражне́ние 2 다음을 러시아어로 작문하세요.

1. 나는 이 잡지를 오늘 다 읽을 것이다.
2. 난 저녁 내내 신문을 읽을 것이다.
3. 그는 오늘 편지를 다 쓸 수 있을 것이다.
4. 내가 선생님께 이것에 대해 여쭤볼게.
5. 당신은 내일 뭘 하시겠어요? 난 내일 도서관에서 공부할 겁니다.
6. 내가 이것에 대해서는 내일 말해 줄게.
7. 강의는 보통 3시에 시작해서 5시에 끝난다.
8. 우리 내일 어디에서 만날까?
9. 음악회가 곧[ско́ро] 시작될 것이다.
10. 나는 그녀를 다차에[на да́чу] 초대할 것이다.

Упражнéние 3 다음 빈칸에 적절한 상의 동사 형태를 넣으세요.

читáть – прочитáть 독서하다, 책 읽다

А: Что ты дéлаешь?

Б: Я ___________. Я люблю́ ___________ и ___________ кáждый день.
책 읽고 있어 책 읽는 것을 책 읽어

А: Знáчит[즉], ты тóже ___________ вчерá?
책 읽었니

Б: Да, вчерá я ___________.
책 읽었지

А: А зáвтра ты ___________?
책 읽을 거니

Б: Да, зáвтра я тóже ___________.
책 읽을 거야

А: А что ты ___________ сейчáс?
읽고 있니

Б: Я ___________ расскáзы Л.Н. Толстóго. Я хочу́ ___________ два расскáза.
읽고 있어 다 읽고 싶어

2. 이동동사

이동동사는 '가고 오는' 동작에 의한 화자의 위치 변화를 나타내는 동사군을 지칭합니다. 이동동사를 사용할 때에는 (1) 걸어가는지 운송수단을 타고 가는지, (2) 단일방향인지 다방향인지를 구별해야 합니다.

2.1. 걷기 동사

'걸어가다'라는 의미의 일방향 동사는 идти́이며 다방향 동사는 ходи́ть입니다.

● 상세한 의미 차이는 다음과 같습니다.

단일방향(정태定態)	다방향(부정태不定態)
идти́	ходи́ть
• 일정한 시점이 명시된 경우 일방향 동작이 나타나는 것이 일반적입니다. Я сейча́с иду́ в библиоте́ку. В пять часо́в я иду́ в библиоте́ку.	• 반복된 습관적 행위 Я ка́ждый день хожу́ в библиоте́ку. • 일정한 방향이 없이 걷는 동작 Са́ша хо́дит по ко́мнате.
• хоте́ть-하고 싶다, до́лжен-해야 한다 뒤에는 통상 완료상 동사원형이 옵니다. Я хочу́ пое́хать в Москву́. Я до́лжен прочита́ть э́ту кни́гу. 그렇지만 맥락에 따라 불완료상이 오기도 합니다! Я хочу́ пить. Я хочу́ спать. Я до́лжен занима́ться.	• 걸을 수 있는 능력 Мой сын уже́ хо́дит. • '-에 다닌다'라는 의미로 동작이 아니라 직업이나 취미에 초점이 오는 경우 Моя́ дочь хо́дит в шко́лу. • 동작이 행위주의 속성이 되는 경우 Пти́цы лета́ют, а лю́ди хо́дят. • 과거에 '-에 다녀왔다'는 의미로 쓰일 경우 Я ходи́ла в цирк.

● 현재시제

	идти́(정태, 제1활용)	ходи́ть(부정태, 제2활용)
я	иду́	хожу́
ты	идёшь	хо́дишь
он / она́	идёт	хо́дит
мы	идём	хо́дим
вы	идёте	хо́дите
они́	иду́т	хо́дят

● 과거시제

	идти́	ходи́ть
он	шёл	ходи́л
она́	шла	ходи́ла
оно́	шло	ходи́ло
они́	шли	ходи́ли

✎ идти́의 과거형은 불규칙이니 꼭 신경써서 외우세요!

идти́의 완료상은 пойти́입니다. пойти́의 변화형은 идти́에 준하지만 어간의 и가 й로 바뀌어 пойду́, пойдёшь, пойдёт, пойдём, пойдёте, пойду́т가 된답니다. 과거형은 пошёл, пошла́, пошло́, пошли́입니다.

Упражне́ние 4 다음 빈칸에 идти́와 ходи́ть 중 알맞은 동사를 적절한 형태로 써 넣으세요.

1. Ка́ждый день я ________________ в университе́т.
2. Обы́чно я ________________ на ру́сский язы́к в 9 часо́в.
3. Ве́чером я обы́чно ________________ в кино́.
4. В 5 часо́в я _____________ в кафе́, и в 7 часо́в я _____________ домо́й.
5. Я сейча́с ________________ на стадио́н.

2.2. 교통수단 이용동사

걸어갈 수 없는 곳, 즉 다른 도시나 외국과 같이 먼 곳에 간다고 할 때나 차량을 이용하여 어디를 간다고 표현할 때에는 일방향동사 éхать와 다방향동사 éздить를 사용합니다.

Мы éдем в Кúев.
Кудá ты éдешь? (차량이 보일 때)
Мы éдем домóй на машúне. (운송수단이 명시될 때)
Онá éздила на дáчу на электрúчке.

● 현재시제

	éхать(정태, 제1활용)	éздить(부정태, 제2활용)
я	éду	éзжу
ты	éдешь	éздишь
он/онá	éдет	éздит
мы	éдем	éздим
вы	éдете	éздите
онú	éдут	éздят

● 과거시제

	éхать	éздить
он	éхал	éздил
онá	éхала	éздила
онó	éхало	éздило
онú	éхали	éздили

éхать의 완료상은 поéхать로서 éхать에 준해 활용합니다. хотéть-하길 원하다, дóлжен-해야 한다과 같은 양상 표현 다음에는 완료상 동사원형인 поéхать가 주로 사용됩니다.

Упражнéние 5 다음 빈칸에 éздить와 éхать 중 알맞은 동사를 적절한 형태로 써 넣으세요.

1. Кáждый день он __________ в университéт, а потóм __________ на пóчту. Там он рабóтает три часá.
2. Вчерá я ____________ в Пусан. Я чáсто __________ в Пусан. Там живýт мои́ роди́тели.
3. Кáждое лéто[여름] я ______________ в Петербýрг. Но в прóшлом годý[작년에] я _____________ в Москвý.
4. Когдá я ____________ в библиотéку, я встрéтил Áнну в метрó. Онá _____________ на концéрт.
5. А: Где ты был вчерá?
   Б: Я _____________ в Инчон.

Упражнéние 6 아래 사람들은 내일 모두 어디론가 갑니다. 빈칸에 пойти́와 поéхать 중 알맞은 동사를 적절한 형태로 써 넣으세요.

1. Áлла ________________ в Москвý.
2. Сергéй ________________ в кинó.
3. Волóдя ________________ в университéт.
4. Мы ________________ в Ки́ев.
5. Ки́ра и Ди́ма ________________ в Петербýрг.
6. Я тóже ________________ в Петербýрг.
7. Ты ________________ в библиотéку?
8. Роди́тели ________________ на дáчу.
9. Я ________________ в цирк.
10. Вы ________________ на лéкцию?

2.3. 일방향동사와 다방향동사의 구별 정리

	불완료상(과거/현재/미래)		완료상(과거/미래)
	다방향[不定態]	일방향[定態]	일방향[定態]
걸어서	ходи́ть	идти́	пойти́
교통수단 이용	е́здить	е́хать	пое́хать
	• 왕복 • 무작위 방향 • 여러 목적지 • 반복된 동작 • 일반적 능력	• 진행 • 연쇄적 동작의 일부 구간으로서의 일방향 동작	• 단일한 사건 (미래에 예상되는 동작 혹은 과거의 단일한 동작) • 연쇄적 동작의 일부 구간으로서의 일방향 동작(과거/미래)

Упражне́ние 7 다음 빈칸에 알맞은 러시아어 표현을 넣으세요.

1. Где Ни́на? Она́ ____________ ____________?
   갔습니까 가게에

2. Она́ ча́сто ____________ в э́тот магази́н?
   갑니까

3. А: Куда́ вы ____________?
   가십니까

   Б: Мы ____________ ____________.
   갑니다 집에

4. Я ви́дела Анто́на, когда́ он ____________ ____________.
   가고 있었다 우체국에

5. Ваш брат вчера́ ____________ ____________?
   갔었습니까 학교에

6. А́нна не хо́чет рабо́тать. Она́ ________ ________ ________.
   가고 싶다 음악회에

7. За́втра по́сле уро́ка я ____________ ____________.
   갈 것이다 박물관에

8. А: Вчера́ тебя́ не́ было до́ма. Где ты был?

Б: Я _______________ _________________.
갔었다 극장에

9. А: Ты _______________ в кино́ по́сле э́того заня́тия?
가고 싶지 않니

Б: Я уже́ _____________ вчера́.
다녀왔어

10. Когда́[-할 때] я _____________ в магази́н, я встре́тил А́нну.
가고 있었을 때

Она́ ____________ домо́й.
가고 있었다

Упражне́ние 8 다음을 러시아어로 작문하세요.

1. 나는 매일 도서관에 다닌다.
2. А: 너 언제[когда́] 모스크바로 가니?
   Б: 난 내일 모스크바로 가.
3. 그는 Со́чи에 가고 싶어한다.
4. 그는 아침에 학교에 가고 저녁에 집에 간다.
5. 그 아이[ребёнок]는 벌써 걷는다.
6. 나는 자동차로 다차에 가고 있다.
7. А: 너 오늘 영화 보러 가니?
   Б: 응, 나 오늘 저녁 영화 보러 가.
8. 우리는 어제 기차 타고 다차에 다녀왔다.
9. 너희들은 전철 타고 어디 다녀왔니?
10. 나는 지금 택시 타고 시내[це́нтр]에 간다.

3. 방향의 대격과 상태의 전치격

상태, 위치를 나타내는 где 의문문에 대한 대답으로는 전치사 **в/на+명사 전치격**이 오는 데 반해, 방향과 목적지를 나타내는 куда́ 의문문에 대한 대답은 전치사 **в/на+명사 대격**이 옵니다.

– **Где** ты была́ вчера́?
– В библиоте́к**е**.
– **Куда́** ты идёшь?
– В библиоте́к**у**.

ГДЕ(전치격)	КУДА́(대격)	В? НА?
в шко́ле в библиоте́ке в магази́не в музе́е в клу́бе в институ́те	в шко́лу в библиоте́ку в магази́н в музе́й в клуб в институ́т	в+구체적 · 물리적 장소
на ле́кции на конце́рте на рабо́те на уро́ке на пе́рвом этаже́ на ка́федре на стадио́не на факульте́те на да́че на дискоте́ке на ста́нции на вокза́ле на заво́де	на ле́кцию на конце́рт на рабо́ту на уро́к на пе́рвый эта́ж на ка́федру на стадио́н на факульте́т на да́чу на дискоте́ку на ста́нцию на вокза́л на заво́д	на+추상적 활동 명사 (구체적 장소를 의미하더라도 на를 취하는 명사들에 유의하세요.)
до́ма там здесь где	домо́й туда́ сюда́ куда́	전치사 없이 부사로

Упражнéние 9 다음 образéц와 같이 적절한 전치사와 동사 идтú를 사용하여 아래 장소로 간다고 말해 보세요.

Образéц:	я, парк → Я идý в парк.

1. ты, магазúн
2. мы, пóчта
3. он, библиотéка
4. онú, рабóта
5. онá, музéй
6. Áнна, стадиóн
7. Дúма, дом
8. профéссор, аудитóрия
9. студéнты, кафé
10. вы, концéрт

Упражнéние 10 다음 образéц와 같이 아래 제시된 장소로 간다고 말해 보세요. 걸어갈 수 있는 곳이면 걸어가고, 그렇지 않으면 교통수단을 이용하여 간다고 말하세요.

Образéц:	Нью-Йóрк → Мы éдем в Нью-Йóрк. урóк → Мы идём на урóк.

1. рабóта
2. Москвá
3. библиотéка
4. Россúя
5. теáтр
6. Петербýрг
7. Владивостóк
8. музéй
9. дáча
10. шкóла

모스크바의 지하철역 내부

Схéма лúний Москóвского метрополитéна

- 교통수단을 나타내는 경우에는 éхать 동사 다음에 **на+교통수단을 나타내는 명사의 전치격**을 사용합니다.

на машúне, на электрúчке, на автóбусе, на метрó, на таксú,
на велосипéде, на троллéйбусе, на пóезде

Упражнéние 11 다음을 러시아어로 작문하세요.

1. А: 너 어디 가니?
   Б : 나 경기장에 가.
2. А: 당신 어제 어디 갔었나요?
   Б : 저는 어제 박물관에 갔었어요.
3. 나는 먼저 가게에 갔다. 가게에서 나는 펜을 샀다. 그러고 나서 도서관에 갔다. 거기에서 Пéтя를 만났다.
4. 난 전차 타고 다차에 가는 중이다.
5. 우리들은 지금 지하철을 타고 직장에 가고 있다.

4. ДАВА́Й(ТЕ) + 완료상 동사

дава́й(те)와 완료상 동사의 1인칭 복수형의 결합은 상대방에게 어떤 행동을 함께 할 것을 청유할 때 사용됩니다. 동사는 완료형이 사용된다는 점에 유의하세요.

Дава́йте встре́тимся за́втра.
Дава́й пойдём в кино́!
Дава́й пое́дем на да́чу!

Упражне́ние 12 다음을 러시아어로 작문하세요.

1. 내일 저녁에 영화 보러 갑시다.
2. 전차 타고 다차에 함께 갑시다.
3. 내일 카페에서 만납시다.
4. 이 책을 사자.
5. 그들을 우리 다차에 초대하자.
6. 이 소설을 읽고 리포트를 쓰자.
7. 수업을 지금 끝냅시다.
8. 교수님에게 이것에 대해 여쭤보자.
9. 이 레스토랑에서 저녁을 먹읍시다.
10. 지금 세미나를 시작합시다.

5. 단어미 형용사

단어미 형용사는 수식어로는 사용되지 않고 서술어로만 사용되기에 격변화를 하지 않습니다.

● 의무를 나타내는 표현 ДО́ЛЖЕН

до́лжен, должна́, должно́, должны́는 '-해야 한다'라는 의무를 나타내는 표현으로 뒤에 동사원형이 옵니다.

단수	복수
он до́лжен она́ должна́ оно́ должно́	мы вы должны́ они́

Он **до́лжен** купи́ть слова́рь.

Она́ **должна́** занима́ться.

Они́ **должны́** пойти́ в кино́ сего́дня.

● 자주 사용되는 단어미 형용사

	он	она́	оно́	они́
바쁜	за́нят	занята́	за́нято	за́няты
한가한	свобо́ден	свобо́дна	свобо́дно	свобо́дны
기쁜	рад	ра́да	ра́до	ра́ды
확신하는	уве́рен	уве́рена	уве́рено	уве́рены
아픈	бо́лен	больна́	больно́*	больны́
건강한	здоро́в	здоро́ва	здоро́во*	здоро́вы
배고픈	го́лоден	голодна́	голодно́*	го́лодны, голодны́

* 강세가 이동된 형태 бо́льно괴롭게/매우, здо́рово훌륭하게, го́лодно굶주려서, 배고파서는 부사로 사용됩니다.

(1) 단어미 형용사는 감정을 나타내는 경우 종종 중성형 주어 э́то와 함께 사용됩니다. Э́то хорошо́! Э́то пло́хо! Э́то отли́чно! Э́то ужа́сно! Э́то ску́чно! 등은 구어체 대화에서 자주 접하게 되지요.

(2) 장어미 형용사는 영구적·본질적 자질을 기술할 때, 단어미 형용사는 일시적·상황적 맥락과 관련된 상태와 성질을 기술할 때 사용된다고 하겠습니다. 영구적·일시적 상태 구별과 관련없는 의미의 형용사는 장, 단어미 형용사의 의미 차이가 별로 없고 문체적인 차이가 있습니다.

Он больно́й(-а́я, -о́е, -ы́е). 그는 (늘, 만성적으로) 아프다(환자다).

Он бо́лен(-а́, -о́, -ы́). 그는 (지금, 일시적으로) 아프다.

Он здоро́вый(-ая, -ое, -ые). 그는 건강한 체질이다.
Он здоро́в(-а, -о, -ы). 그는 건강하다.

Он у́мный. = Он умён. 그는 영리하다.
Он умён, и она умна́. Они́ умны́.

Упражне́ние 13 다음을 러시아어로 작문하세요.

1. 그는 내일 하루 종일 한가할 거야.
2. 그녀는 당신이 한가하다고 확신한다.
3. 그들은 매우 바쁘다. 오늘 그들은 숙제를 해야 한다.
4. 난(여성) 어제 아팠다. 오늘은 직장에 가야 한다.
5. 내일 시험이다. 오늘 나는 도서관에서 공부해야 한다.

6. 시간표현 I: 하루의 시간과 시각

● 하루의 시간

у́тро 아침 – у́тром 아침에
день 낮 – днём 낮에
ве́чер 저녁 – ве́чером 저녁에
ночь 밤 – но́чью 밤에

● 시간에 대해 묻고 대답하기

(1) 숫자에 따라 뒤따라오는 명사의 형태가 바뀐다는 것을 앞서 배웠지요.

시간	분
1(оди́н): час	1(одна́): мину́та
2(два), 3, 4: часа́	2(две), 3, 4: мину́ты
5 이상: часо́в	5 이상: мину́т

Ско́лько сейча́с вре́мени?
Кото́рый час сейча́с?
] 지금 몇 시입니까?

– Извини́те, пожа́луйста, ско́лько сейча́с вре́мени?

– Сейча́с	1:00	час.
	1:05	час ноль пять.
		оди́н час пять мину́т.
		пять мину́т второ́го.
	2:00	два часа́.
	2:05	два ноль пять.
		два часа́ пять мину́т.
		пять мину́т тре́тьего.
	3:15	три пятна́дцать.
		три часа́ пятна́дцать мину́т.
		пятна́дцать мину́т четвёртого.
		че́тверть четвёртого.
	4:30	четы́ре три́дцать.
		полови́на пя́того.
	5:45	пять со́рок пять.
		со́рок пять мину́т шесто́го.
		без пятна́дцати (ми́нут) шесть.
		без че́тверти шесть.

(2) 공식적인 시간은 24시간 단위로 나타내지만 일상대화에서는 12시간 단위로 말하는데 오전, 오후, 저녁, 밤을 각각 **утра́, дня, ве́чера, но́чи**로 표현합니다.

Сейча́с во́семь часо́в ве́чера. 지금은 저녁 8시다.

Сейча́с де́вять три́дцать утра́. 지금은 오전 9시 30분이다.

(3) 행위가 일어나는 시각을 물어볼 때는 **во ско́лько** 또는 **когда́**와 같은 의문 표현을 사용합니다. 대답할 때는 전치사 **в** 뒤에 시간 표현을 놓습니다(서수가 들어간 시간 표현은 전치사 없이 쓰입니다. 단, 명사인 **половина**는 서수가 뒤따르지만 전치사 **в**와 사용됩니다). 전치사가 겹칠 때는 **в**를 생략합니다.

– Во ско́лько / В кото́ром часу́ начина́ется экза́мен?
– В три часа́.
В полови́не тре́тьего.
Десять четвёртого.
В три де́сять.
Без че́тверти три.

(4) 행위의 지속시간을 나타낼 때는 전치사 없이 시간(대격) 표현을 사용합니다. 지속시간을 물어볼 때는 как до́лго얼마나 오래나 ско́лько часо́в몇 시간, ско́лько вре́мени얼마 동안과 같은 표현을 사용합니다.

– Как до́лго / Ско́лько часо́в / Ско́лько вре́мени мы бу́дем е́хать на по́езде?
– Три часа́.

Упражне́ние 14 다음 질문에 답해 봅시다.

1. Ско́лько сейча́с вре́мени?

1:05 11:30 12:21 4:15 7:35

2. Во ско́лько мы встреча́емся / встре́тимся?

8:55 9:17 6:45 4:57 2:30

3. Как до́лго вы занима́лись?

1시간 2시간 30분 3시간 10분 1분

Упражне́ние 15 다음을 러시아어로 작문하세요.

1. 그는 도서관에서 3시간 동안 공부하고 2시간 동안 책을 읽었다.
2. А: 실례지만 지금 몇 시지요?

Б: 지금 5시 45분입니다.

3. 영화는 6시에 시작할 것이다. 우리는 5시 반에 만나 영화표를 살 것이다.
4. 나는 낮에는 일해야 해. 그래서 나는 오직 밤에만 공부할 수 있어.
5. 너 어제 몇 시간이나 일했니?

7. 식당 및 음식에 대한 표현

● 식당의 종류

рестора́н	식당, 레스토랑, 앉아서 주문하는 고급 식당
кафе́	차와 음식을 파는 곳으로 레스토랑보다 격식 없는 곳
буфе́т	공항, 역, 호텔, 극장 등에서 가벼운 스낵과 음료를 파는 곳
столо́вая	학교, 대학, 직장 등의 카페테리아를 일컫는 곳
ча́йная	차와 스낵을 파는 카페테리아
пивно́й бар	주로 술 종류를 파는 곳

● 메뉴(меню́)

заку́ски	전채요리
пе́рвые блю́да	첫 코스요리(주로 수프 종류)
вторы́е блю́да	주요리
напи́тки	음료
десе́рты	디저트

● 야채(о́вощи)

помидо́р	토마토	капу́ста	양배추
огуре́ц	오이	грибы́	버섯(복수)
лук	양파	карто́фель, карто́шка	감자
пе́рец	고추		
морко́вь	당근	чесно́к	마늘

과일(фру́кты)

апельси́н	오렌지	лимо́н	레몬
анана́с	파인애플	я́блоко	사과
бана́н	바나나	я́года	딸기류(клубни́ка 딸기, мали́на 산딸기)
виногра́д	포도	мандари́н	귤
гру́ша	배	арбу́з	수박

음료(напи́тки)

вода́	물(минера́льная вода́ 미네랄 워터)
молоко́	우유
сок	주스(апельси́новый сок 오렌지주스; я́блочный сок 사과주스)
чай	차(чёрный чай 홍차; зелёный чай 녹차)
ко́фе	커피
вино́	포도주
пи́во	맥주
шампа́нское	샴페인
во́дка	보드카
лимона́д	레모네이드

식료품점

универса́мы, суперма́ркеты	일반 슈퍼마켓
продово́льственные магази́ны	일반 식료품점
гастроно́м	햄이나 치즈 전문 식품점
бу́лочная	제과점
моло́чный магази́н	유제품 식품점
кулина́рия	반제품인 반죽 밀가루, 쇠고기 간 것 등을 파는 식품점

러시아에서 레스토랑에 가면 메뉴를 펼치고 음식을 주문하게 됩니다. 러시아 레스토랑의 메뉴는 전채(сала́ты и заку́ски), 따뜻한 음식(горя́чие блю́да), 후식(десе́рты) 등으로 이루어져 있습니다. 아래 메뉴를 보고 주문해 봅시다.

8. 초대와 응답

Дава́й(те) пойдём поéдем посмо́трим	в теа́тр / в рестора́н / в кино́. на да́чу / за́ город(강세 주의!). фильм ≪Москва́ слеза́м не ве́рит≫.
긍정응답	Хорошо́! Дава́й(те)! С удово́льствием!
주저한 다음의 긍정	Ла́дно! Ну, ла́дно!
공손한 거절	К сожале́нию, я не могу́.
덜 공손한 거절	Я не хочу́!
변명	У меня́ за́втра бу́дет экза́мен. Я до́лжен(должна́) занима́ться. У меня́ нет вре́мени(де́нег). У меня́ мно́го рабо́ты. Я о́чень уста́л(а). Я уже́ посмотре́л(а) э́тот фильм. Уже́ сли́шком по́здно.
제안	Дава́й(те) лу́чше пойдём в кафе́.

КУЛЬТУ́РА

러시아인과 ДА́ЧА

러시아인들의 별장인 다차(да́ча)는 우리가 흔히 생각하는 호화로운 별장이라기보다 여름에 휴식을 취하기 위한 대도시 근교의 소박한 시골집이라고 생각하는 것이 더 맞을 것입니다. 따라서 다차는 부자들뿐 아니라 일반 러시아인들이 흔하게 가지는 여가 활용의 거주공간이지요. 러시아 외곽을 여행하다 보면 이런 다차들을 볼 수 있는데 선혀 호화스럽지 않납니다! 그렇다 하더라도 좋은 공기와 물이 있으니 오염이 심한 모스크바나 상트페테르부르크에서 벗어나 쉬기에 좋은 생활방식이지요. 이전에는 가스, 수도, 전기, 전화 등이 없는 경우도 많았지만 최근 새로 짓는 다차는 기본적인 편의시설이 갖추어져 있습니다.

소비에트 시기에 국가가 보조하는 평등원칙하의 다차에서 사유재산 개념의 다차로 바뀌었고 은퇴자나 영구 거주자를 위한 다차도 낯설지 않은 풍속이 되었지요. 특히 다차는 전통적으로 불편함과 노동을 필요로 하고, 유기농 텃밭을 가꾸기에 좋은, 러시아식 웰빙 생활방식의 하나라고 할 수 있습니다. 우리나라 사람들이 은퇴 후 꿈꾸는 별장생활을 러시아인은 오래전부터 삶의 일부로 누려 왔다는 사실이 놀랍지요? 좀 불편하더라도 무더운 여름 도심에서 벗어나 전원생활의 여유를 즐길 만한 다차 하나 있으면 삶의 질이 높아질 것입니다.

러시아의 교통수단

러시아의 주요 도시를 여행할 때 가장 편리한 교통수단은 물론 비행기지만 기차(пóезд) 역시 편리한 장거리 교통수단이라 할 수 있습니다. 또한 교외로 나갈 수 있는 전철 혹은 국철(электри́чка)도 발달되어 있습니다. 가장 보편적인 단거리 교통수단은 대도시에 잘 갖춰진 지하철(метрó)이라 하겠지요. 러시아 지하철은 그 역사가 깊고 잘 만들어진 것으로 명성이 높습니다. 1930년대에 이미 주요 노선들이 만들어졌고 러시아인들의 일상에서 없어서는 안 되는 교통수단이 되었습니다. 지하철은 빠르고 간편하며 저렴한 서민들의 발이라 할 수 있지요. 요즘 러시아에는 고급 외제차(물론 현대, 기아차도 많이 눈에 띈답니다)가 즐비하지만 교통체증과 교통사고가 날로 증가하여 지하철이나 버스(автóбус), 전기로 작동하는 트롤리버스(троллéйбус)나 트랙 위로 전선을 따라 움직이는 전차(трамвáй)를 이용하는 것이 현명하다 하겠습니다.

러시아 지하철은 특히 방사형을 띠고 있고 웬만한 곳은 이것을 이용하면 쉽고 빠르게 갈 수 있으니 여행객에게는 더할 나위 없이 고마운 교통수단이랍니다. 더욱이 지하철 역사의 내부는 호화로운 박물관처럼 예술적인 느낌입니다. 단, 처음에는 너무 긴 에스컬레이터 때문에 당황스러울 겁니다. 하지만 곧 익숙해진답니다!

НО́ВЫЕ СЛОВА́

* 식당, 음식 관련 어휘는 217-218쪽 표 참조.

단어	품사	의미
бежа́ть	동사(불완)	달리다(정태)
быва́ть / побыва́ть	동사	머무르다, 들르다
встреча́ться / встре́титься	동사	(약속을 하고)만나다
договори́ться	동사(완)	약속하다, 합의하다
е́здить	동사(불완)	가다(부정태; 차를 타고)
е́хать / пое́хать	동사	가다(정태; 차를 타고)
жела́ть	동사(불완)	바라다, 희망하다
зака́зывать / заказа́ть	동사	주문하다
зака́нчивать / зако́нчить	동사	끝내다
идти́ / пойти́	동사	가다(정태; 걸어서)
лета́ть	동사(불완)	날다(부정태)
мочь / смочь	동사	-할 수 있다
начина́ть / нача́ть	동사	시작하다(타동)
начина́ться / нача́ться	동사	시작하다(자동)
отдыха́ть / отдохну́ть	동사	쉬다
приглаша́ть / пригласи́ть	동사	초대하다
собира́ть / собра́ть	동사	모으다
спра́шивать / спроси́ть	동사	묻다, 질문하다
счита́ть	동사(불완)	셈하다, -라고 여기다
у́жинать / поу́жинать	동사	저녁먹다
устава́ть / уста́ть	동사	피로하다
ходи́ть	동사(불완)	가다(부정태; 걸어서)
авто́бус	명사	버스
велосипе́д	명사	자전거

단어	품사	의미
вокза́л	명사	기차역
гриб	명사	버섯
да́ча	명사	여름별장
джаз	명사	재즈
зада́ние	명사	과제
зал	명사	홀
клуб	명사	클럽
метро́	명사	지하철(불변)
мину́та	명사	분(分)
мно́гие	명사(형용사형)	많은 사람들
пи́цца	명사	피자
по́езд	명사	기차
полови́на	명사	절반
приглаше́ние	명사	초대
пти́ца	명사	새
раз	명사	번, 회
расска́з	명사	이야기
ребёнок	명사	아이
сожале́ние	명사	유감
сочине́ние	명사	작문
ста́нция	명사	역
тролле́йбус	명사	트롤리버스
удово́льствие	명사	만족
успе́х	명사	성공
центр	명사	중심지, 시내
цирк	명사	서커스
час	명사	시(時)
че́тверть	명사	4분의 1
экза́мен	명사	시험
электри́чка	명사	전기철도, 외곽 순환 전철

단어	품사	의미
ве́чером	부사	저녁에
вме́сте	부사	함께
давно́	부사	오랫동안, 오래전에
днём	부사	낮에
домо́й	부사	집으로
за́втра	부사	내일
кста́ти	부사	때마침, -하는 김에, 계제에
ла́дно	부사	좋아, 잘
лу́чше	부사	더 좋게, 더 잘
недалеко́	부사	가까이에, 멀지 않게
не́сколько	부사	몇몇
но́чью	부사	밤에
отсю́да	부사	여기서부터
пото́м	부사	그 다음에
приблизи́тельно	부사	약(略), 대략
ско́ро	부사	곧
сли́шком	부사	지나치게, 너무
снача́ла	부사	먼저
сюда́	부사	여기로
тогда́	부사	그렇다면, 그때
туда́	부사	저기로
у́тром	부사	아침에
когда́	의문부사/접속사	언제/-할 때
куда́	의문부사	어디로
ско́лько	의문부사	얼마나
за	전치사	-에 대해(+대격)
от	전치사	-로부터(+생격)
пе́ред	전치사	-전에(+조격)
бо́лен	형용사	아프다
вку́сный	형용사	맛있는

단어	품사	의미
го́лоден	형용사	배고프다
до́лжен	형용사	–해야만 하다
дома́шний	형용사	집의, 가정의
за́нят	형용사	바쁘다
здоро́в	형용사	건강하다
италья́нский	형용사	이탈리아의
ка́ждый	형용사	매, 각각의
конце́ртный	형용사	콘서트의
курсово́й	형용사	학년의, 강좌의
рад	형용사	기쁘다
свобо́ден	형용사	한가하다
уве́рен	형용사	확신한다
це́лый	형용사	온, 전체의
кото́рый	의문형용사	어떤
Алло́.	표현	여보세요?
Извини́(те).	표현	미안해(요)
к сожале́нию	표현	유감스럽게도
мо́жет быть	표현	아마도
Не́ за что.	표현	천만에요
С удово́льствием.	표현	기꺼이

УРО́К 8

РАСПОРЯ́ДОК ДНЯ

ДИАЛО́ГИ

A Во ско́лько ты обы́чно встаёшь?

Ми́ша: Во ско́лько ты обы́чно встаёшь?

Мина: В шесть часо́в. Но сего́дня я вста́ла в семь, потому́ что вчера́ я легла́ спать по́зже, чем обы́чно.

Ми́ша: А во ско́лько ты обы́чно ложи́шься спать?

Мина: В двена́дцать часо́в.

Ми́ша: Ты так ма́ло спишь!

Мина: У меня́ ско́ро экза́мены, и поэ́тому я должна́ мно́го занима́ться. К тому́ же я хожу́ в театра́льный кружо́к три ра́за в неде́лю.

Ми́ша: А когда́ ты возвраща́ешься домо́й?

Мина: В де́сять часо́в.

Ми́ша: Тогда́ во ско́лько ты у́жинаешь?

Мина: Я обы́чно у́жинаю в столо́вой университе́та в полови́не седьмо́го.

Б Что ты де́лаешь в четве́рг и пя́тницу?

Джейн: Мина, когда́ у тебя́ ле́кции?

Мина: В понеде́льник, во вто́рник и в сре́ду.

Джейн: А когда́ у тебя́ заня́тия по практи́ческой фоне́тике[1]?

Мина: В сре́ду, в час.

Джейн: А в како́й день у тебя́ семина́р по ру́сской культу́ре?

Мина: В понеде́льник.

Джейн: А что ты де́лаешь в четве́рг и в пя́тницу?

Мина: В четве́рг я слу́шаю за́писи и смотрю́ дивиди́ в лингафо́нном кабине́те. А в пя́тницу я повторя́ю до́ма ру́сскую грамма́тику. Иногда́ хожу́ в теа́тр.

Джейн: Ты молоде́ц!

В Когда́ зако́нчится э́тот семе́стр?

Джейн: Мина, ты зна́ешь, когда́ зако́нчится семе́стр?

Мина: Наве́рное, трина́дцатого ию́ня.

Джейн: А когда́ у нас бу́дет экза́мен?

Мина: Преподава́тель сказа́л, что у нас не бу́дет экза́мена. Но мы должны́ написа́ть курсовы́е рабо́ты. Кста́ти, ты реши́ла, о чём ты бу́дешь писа́ть? Всего́[2]

1) по + 여격: -과목의

2) всего́: 기껏해야

однá недéля остáлась до концá семéстра.

Джейн: К сожалéнию, ещё нет.

Давáйте поговорúм 1

다음은 Áнна의 일과표입니다. 질문과 대답을 만들어 보세요. 또 여러분의 일과표라 가정하고 말해 보세요.

<table>
<tr><th></th><th>Втóрник</th><th>Средá</th><th>Четвéрг</th></tr>
<tr><td>7:00</td><td>встаёт
принимáет душ
одевáется
готóвит зáвтрак</td><td>спит</td><td>встаёт
принимáет душ
одевáется</td></tr>
<tr><td>8:00</td><td>зáвтракает
читáет газéту</td><td>встаёт
одевáется</td><td>читáет америкáнский журнáл</td></tr>
<tr><td>9:00</td><td rowspan="5">слýшает корéйские зáписи и смóтрит корéйские дивидú в лингафóнном кабинéте</td><td>готóвит зáвтрак
зáвтракает</td><td>готóвит зáвтрак
зáвтракает</td></tr>
<tr><td>10:00</td><td>читáет газéту</td><td rowspan="4">занимáется в библиотéке</td></tr>
<tr><td>11:00</td><td rowspan="3">занимáется в спортúвном кóмплексе (зáле)</td></tr>
<tr><td>12:00</td></tr>
<tr><td>13:00</td></tr>
<tr><td>14:00</td><td>обéдает</td><td>гуляет в пáрке</td><td>обéдает</td></tr>
<tr><td>15:00</td><td rowspan="2">занимáется в библиотéке</td><td>слýшает мýзыку</td><td>убирáет кóмнату</td></tr>
<tr><td>16:00</td><td>обéдает</td><td>слýшает мýзыку</td></tr>
<tr><td>17:00</td><td>гуляет</td><td>занимáется дóма</td><td rowspan="2">игрáет в тéннис</td></tr>
<tr><td>18:00</td><td rowspan="2">слýшает мýзыку</td><td>стирáет</td></tr>
<tr><td>19:00</td><td>смóтрит телевúзор</td><td>ýжинает</td></tr>
<tr><td>20:00</td><td>ýжинает</td><td>читáет кнúгу
ýжинает</td><td rowspan="3">идёт в кинó и смóтрит фильм</td></tr>
<tr><td>21:00</td><td rowspan="2">смóтрит телевúзор</td><td rowspan="2">раздевáется
ложúтся спать</td></tr>
<tr><td>22:00</td></tr>
<tr><td>23:00</td><td>раздевáется
ложúтся спать
читáет кнúгу</td><td rowspan="2">спит</td><td>идёт домóй
ложúтся спать</td></tr>
<tr><td>24:00</td><td>спит</td><td>спит</td></tr>
</table>

Давáйте поговорúм 2

옆 친구에게 자신의 하루의 일과를 말해 보세요. 그런 다음 친구에게 아침, 점심, 저녁때 무엇을 하는지 구체적으로 물어봅시다.

Основны́е выражéния

УРÓК 8을 공부하는 동안 다음 문형을 주어진 표현을 사용하여 연습해 봅시다.

1. А: Во скóлько ты встаёшь?
   Б : Я обы́чно встаю́ в семь часóв, но сегóдня я встал óчень пóздно.

2. А: Что ты лю́бишь дéлать в свобóдное врéмя?
   Б : Я обы́чно слу́шаю му́зыку.

〈동사〉

вставáть / встать
ложи́ться / лечь спáть
умывáться / умы́ться
одевáться / одéться
принимáть / приня́ть душ
зáвтракать / позáвтракать
обéдать / пообéдать
у́жинать / поу́жинать
отдыхáть / отдохну́ть
повторя́ть / повтори́ть
смотрéть / посмотрéть
раздевáться / раздéться
стирáть / вы́стирать
игрáть / сыгрáть
гуля́ть / погуля́ть
спать(불완)
готóвить(불완)
слу́шать(불완)

ЧТÉНИЕ

Нáши бýдни

A Расскáзывает Ким Сежун

Я встаю в вóсемь часóв утрá, бы́стро принимáю душ и идý в университéт. В дéсять часóв я зáвтракаю в университéтском кафé «MUG». Там прия́тно сидéть, пить кóфе и занимáться[1]. В э́том кафé хорóший и дешёвый кóфе. Потóм я идý на заня́тия. Мой сáмый люби́мый предмéт – рýсская литератýра. Мой сáмый люби́мый ромáн – «Мáстер и Маргари́та» Михаи́ла Булгáкова. В два часá я идý в библиотéку занимáться, а потóм в пять часóв я идý с друзья́ми[2] в кинó. У́жинаю я в семь часóв в университéтской столóвой и́ли в общежи́тии. Пóсле ýжина я идý в спорти́вный кóмплекс «POSCO». Там я игрáю в баскетбóл два часá. Домóй я возвращáюсь в дéсять часóв. Потóм я смотрю́ телеви́зор и́ли слýшаю рáдио. Обы́чно я ложýсь спать в двенáдцать часóв.

1) **там прия́тно сидéть и занимáться** 무인칭구문으로 прия́тно가 서술어 역할을 하므로 '그곳에서 앉아 공부하기 기분 좋다'란 의미임.

2) **с друзья́ми** 친구들과 함께; друзья́ми는 друг의 조격 복수형

Б Расска́зывает О́льга Петро́вна.

Ка́ждое у́тро я встаю́ в ше́сть три́дцать, бы́стро принима́ю душ и одева́юсь. Пото́м я гото́влю за́втрак для му́жа. Мой муж то́же профе́ссор, он то́же рабо́тает в Моско́вском госуда́рственном университе́те. В де́вять часо́в мы вме́сте идём в университе́т. Я чита́ю ле́кции в понеде́льник, в сре́ду и в четве́рг. Когда́ нет заня́тий[1], я занима́юсь в библиоте́ке: чита́ю но́вые кни́ги, пишу́ статьи́. Обы́чно я возвраща́юсь домо́й в пять часо́в, а муж чуть по́зже. Поэ́тому по доро́ге домо́й[2] я захожу́ в магази́н и покупа́ю проду́кты. Обы́чно я гото́влю у́жин. По́сле у́жина муж мо́ет посу́ду[3], а я убира́ю кварти́ру. Зате́м мы чита́ем кни́ги и́ли смо́трим телеви́зор. Иногда́ я игра́ю на пиани́но, а муж слу́шает, как я игра́ю. В оди́ннадцать часо́в мы ложи́мся спать.

---

1) **заня́тий** заня́тие의 생격 복수형

2) **по доро́ге домо́й** 집에 가는 길에

3) **мо́ет посу́ду** 설거지하다; мыть씻다의 현재시제 3인칭 단수형; мыть는 умы́ться와 동일하게 동사변화함.

ГРАММА́ТИКА

1. 시간표현 II: 요일

● 요일(дни неде́ли)

понеде́льник вто́рник среда́
четве́рг пя́тница суббо́та воскресе́нье

● 요일에 대해 묻고 대답하기

– Како́й сего́дня день(неде́ли)? 오늘 무슨 요일이지요?

– Сего́дня **понеде́льник**[주격]. 오늘은 월요일입니다.

– Когда́ (в како́й день, в каки́е дни) у тебя́ ле́кции?

너는 언제(무슨 요일에, 무슨 요일들에) 강의가 있니?

– **В понеде́льник**[대격]. 월요일에.

〈Ру́сский календа́рь〉

Март						
пн	вт	ср	чт	пт	сб	вс
					1	2
3	4	5	6	7	8	9
10	11	12	13	14	15	16
17	18	19	20	21	22	23
24	25	26	27	28	29	30
31						

Упражнéние 1 다음 질문에 요일을 사용하여 러시아어로 대답해 봅시다.

1. Какóй день недéли был вчерá?
2. Когдá вы получи́ли её письмó?
3. В какóй день недéли закóнчится семéстр?
4. Когдá у вас бýдет послéдний экзáмен?
5. В какóй день э́тот семéстр начался́?

Упражнéние 2 다음을 러시아어로 작문하세요.

1. А: 너는 일요일에 무엇을 할 거니?
   Б: 나는 일요일에 하루 종일 공부할 거야. 시험이 월요일에 있거든.
2. А: 오늘 무슨 요일이죠?
   Б: 오늘 금요일입니다. 내일은 토요일입니다. 토요일과 일요일에 우리는 학교 가지 않습니다.
3. А: 어느 요일에 수업이 있죠?
   Б: 화, 목, 금요일에 수업이 있어요.
4. 우리가 어느 요일에 영화관에 다녀왔지?
5. 나는 수요일에 콘서트에 갈 거야.

2. 스포츠와 악기연주: ИГРÁТЬ

- 스포츠: игрáть в+대격

игрáть в футбóл (баскетбóл, волейбóл, хоккéй, тéннис, кáрты, шáхматы)

- 악기연주: игрáть на+전치격

игрáть на роя́ле (пиани́но, скри́пке, гитáре, виолончéли)

Упражне́ние 3 다음을 러시아어로 작문하세요.

1. 나는 피아노를 연주하고 내 여동생은 바이올린을 연주한다.
2. 그의 아들들이 오랫동안 축구하고 있다.
3. 나는 체스 두는 것을 좋아하고 내 아내는 기타 치는 것을 좋아한다.
4. 그는 3시간 동안 테니스를 쳤다.
5. 오늘 저녁 연주회에서 나의 이모가 첼로를 연주할 것이다.

3. 여가 활동

여러분은 여가시간에(в свобо́дное вре́мя) 혹은 방학 동안에(во вре́мя кани́кул) 무엇을 하길 좋아하나요? 자신의 여가시간을 어떻게 보내는지 다음 표현들을 응용하여 말해 봅시다.

слу́шать му́зыку	음악을 듣다
слу́шать ра́дио	라디오를 듣다
игра́ть в футбо́л	축구하다
отдыха́ть до́ма	집에서 쉬다
чита́ть рома́ны	소설들을 읽다
гуля́ть в па́рке	공원에서 산책하다
смотре́ть телеви́зор	텔레비전을 보다
смотре́ть фи́льмы	영화를 보다

	по / гуля́ть	по / смотре́ть
я	по / гуля́ю	по / смотрю́
ты	по / гуля́ешь	по / смо́тришь
он / она́	по / гуля́ет	по / смо́трит
мы	по / гуля́ем	по / смо́трим
вы	по / гуля́ете	по / смо́трите
они́	по / гуля́ют	по / смо́трят

– Что вы лю́бите де́лать в свобо́дное вре́мя?
– Я обы́чно слу́шаю джаз и́ли чита́ю детекти́вные рома́ны.

Упражне́ние 4 다음을 러시아어로 작문하세요.

1. А: 너는 자유시간(여가시간)에 무엇을 하는 것을 좋아하니?
   Б: 나는 보통 내 방에서 독서하거나 산책해.
2. 오늘 나는 공부하지 않았다. 집에서 텔레비전을 보고 일본 소설을 읽었다.
3. 나는 라디오를 듣는 것을 좋아한다. 나는 항상 고전[класси́ческий]음악을 듣는다.
4. 일요일에 나는 집에서 하루 종일 쉬고 싶다.
5. 나는 방학 동안 매일 영화를 볼 것이다.

4. 하루의 일과

여러분의 하루 일과는 어떤 행위들로 이루어져 있나요? 다음은 일반적으로 대학생의 하루를 구성하는 일상행동을 나타내는 동사들입니다.

встава́ть / вста́ть	일어나다
ложи́ться / лечь	눕다(자러 가다: ложи́ться / лечь спать)
умыва́ться / умы́ться	씻다
одева́ться / оде́ться	옷을 입다
принима́ть / приня́ть душ	샤워하다
за́втракать / поза́втракать	아침식사하다
обе́дать / пообе́дать	점심식사하다
у́жинать / поу́жинать	저녁식사하다
гото́вить	요리하다, 준비하다
повторя́ть / повтори́ть	반복하다, 복습하다
смотре́ть / посмотре́ть	보다, 관람하다

слу́шать му́зыку	음악을 듣다
раздева́ться / разде́ться	옷을 벗다
стира́ть / вы́стирать	세탁하다
игра́ть / сыгра́ть	운동하다, 연주하다
спать	자다

● 새로운 동사들의 변화형을 익혀 둡시다.

ВСТАВА́ТЬ (1식)	**ВСТАТЬ** (1식)
встаю́	вста́ну
встаёшь	вста́нешь
встаю́т	вста́нут
встава́л / -а / -о / -и	вста́л / -а / -о / -и

ЛОЖИ́ТЬСЯ (2식)	**ЛЕЧЬ** (1식)
ложу́сь	ля́гу
ложи́шься	ля́жешь
ложа́тся	ля́гут
ложи́лся / -лась / -лось / -лись	лёг / легла́ / легло́ / легли́

УМЫВА́ТЬСЯ (1식)	**УМЫ́ТЬСЯ** (Ы 〉 ОЙ) (1식)
умыва́юсь	умо́юсь
умыва́ешься	умо́ешься
умыва́ются	умо́ются
умыва́лся / -лась / -лось / -лись	умы́лся / -лась / -лось / -лись

ОДЕВА́ТЬСЯ (1식)	**ОДЕ́ТЬСЯ** (1식)
одева́юсь	оде́нусь
одева́ешься	оде́нешься
одева́ются	оде́нутся
одева́лся / -лась / -лось / -лись	оде́лся / -лась / -лось / -лись

✎ раздева́ться / разде́ться는 одева́ться / оде́ться와 동일하게 변화합니다.

ПРИНИМА́ТЬ (1식)	**ПРИНЯ́ТЬ** (1식)
принима́ю	приму́
принима́ешь	при́мешь
принима́ют	при́мут
принима́л / -а / -о / -и	при́нял / -á / -о / -и

СПАТЬ (2식)	**ГОТО́ВИТЬ** (2식)
сплю	гото́влю
спишь	гото́вишь
спят	гото́вят
спа́л / -á / -о / -и	гото́вил / -а / -о / -и

Упражне́ние 5 다음 질문에 러시아어로 답하세요.

1. В каки́е дни вы слу́шаете ле́кции?
2. В каки́е дни у вас уро́ки?
3. В каки́е дни вы смо́трите телеви́зор?
4. В каки́е дни вы занима́етесь в библиоте́ке?
5. В каки́е дни вы не за́втракаете до́ма?

Упражне́ние 6 주어진 단어를 사용하여 올바른 어미와 필요한 전치사를 더해 문장들을 만들어 보세요.

1. у́тром / я / встава́ть / ра́но.
2. я / принима́ть / душ / и / бы́стро / одева́ться.
3. пото́м / я / за́втракать / и / чита́ть / газе́та.
4. де́вять / час / я / идти́ / университе́т / у / я / заня́тие / де́сять / час.

5. оди́ннадцать / час / у / я / семина́р / обе́дать / я / час.
6. днём / я / идти́ / библиоте́ка / там / я / занима́ться.
7. шесть / час / я / идти́ / дом / я / у́жинать / дом.
8. ве́чером / я / отдыха́ть / обы́чно / слу́шать / америка́нская му́зыка / смотре́ть телеви́зор / и́ли / чита́ть / но́вые кни́ги.
9. де́сять / час / я / ложи́ться.
10. я / спать / семь / час.

Упражне́ние 7 다음 образе́ц와 같이 여러분 자신이나 가족, 친구의 통상적인 하루의 일과에 대해 작문해 봅시다.

> Образе́ц: Я обы́чно встаю́ в семь часо́в утра́. По́сле за́втрака я иду́ на ле́кцию. Ле́кция начина́ется в де́вять часо́в. По́сле ле́кции...

Упражне́ние 8 위에서 쓴 통상적인 하루 일과를 어제 한 일로 바꾸어 써 봅시다. 동사의 시제는 과거시제로, 상은 완료상으로 바꿔야겠지요?

> Образе́ц: Вчера́ я встал в семь часо́в утра́. По́сле за́втрака, я пошёл на ле́кцию. Ле́кция начала́сь в де́вять...

Упражне́ние 9 위에서 쓴 통상적인 하루 일과를 내일의 계획으로 바꾸어 써 봅시다. 완료상을 사용하여 미래시제로 바꿔야 합니다.

> Образе́ц: За́втра я вста́ну в семь часо́в утра́...

5. 순서와 빈도를 나타내는 부사

- 순서: сначáла → потóм → наконéц
- 빈도: всегдá 〉 обы́чно 〉 чáсто 〉 иногдá 〉 рéдко 〉 никогдá (не)

6. 근사치를 나타내는 방법

단위명사를 수사 앞 혹은 전치사가 있는 경우 전치사 앞으로 도치하면 대략의 의미를 나타내게 됩니다.

часóв в семь	7시 정도에
часá четы́ре	약 4시간 동안

Упражнéние 10 다음을 러시아어로 작문하세요.

1. И́горь는 대개 약 4시에 집으로 간다. 그는 절대로[никогдá не] 학교식당에서 저녁을 먹지 않는다. 그는 항상 집에서 저녁을 먹는다.
2. 나는 내일 일찍 일어나야 한다. 그렇기 때문에 오늘은 일찍 잠자리에 들 것이다.
3. 그는 자주 발레를 보러 간다. 토요일에 가끔 그는 영화 보러 간다.
4. 나는 매일 3시간 정도 농구한다. 농구는 내가 가장 좋아하는 스포츠다.
5. 그는 저녁 7시에 집에 돌아온다. 우선 그는 샤워한다. 그러고 나서 텔레비전을 보고 마침내 11시에 잠자리에 든다.
6. A: 몇 시에 일어나세요?
   Б: 나는 7시쯤 일어납니다.
7. 그녀는 어제 늦게 잠자리에 들었기 때문에 오늘 아침 매우 늦게 일어났다.
8. 나는 요리하는 것을 좋아하지 않기 때문에 보통 학교 식당에서 저녁을 먹는다.
9. A: 집에서 보통 누가 요리하나요?
   Б: 제가 합니다. 그렇지만 내일 저녁에는 제 여동생이 요리할 겁니다.
10. 매일 저녁식사 후 나는 러시아어 문법과 단어들을 복습합니다.

Упражнéние 11 다음 질문에 적절한 시간표현을 써서 답해 보세요.

1. Во скóлько вы встáли вчерá? А когдá вы обы́чно встаёте?
2. Во скóлько вы позáвтракали сегóдня? А когдá вы обы́чно зáвтракаете?
3. Скóлько часóв вы спáли вчерá? А скóлько часóв вы обы́чно спи́те?
4. Когдá вы легли́ спать вчерá? А когдá вы обы́чно ложи́тесь спать?
5. Скóлько часóв вы занимáлись сегóдня? Скóлько часóв вы занимáетесь кáждый день?

7. 수사(100–2000)

	기수	서수
100	сто	сóтый
200	двéсти	двухсóтый
300	три́ста	трёхсотый
400	четы́реста	четырёхсотый
500	пятьсóт	пятисóтый
600	шестьсóт	шестисóтый
700	семьсóт	семисóтый
800	восемьсóт	восьмисóтый
900	девятьсóт	девятисóтый
1000	ты́сяча	ты́сячный
2000	две ты́сячи	двухты́сячный

КУЛЬТУ́РА

러시아의 달력(Календа́рь)

러시아의 달 이름은 -ь, -й 혹은 경자음으로 끝나는데 모두 남성명사입니다. 실제 영어의 달 이름과 발음이 비슷하여 기억하는 것이 그리 어렵지 않지요? 이와 달리 요일은 따로 기억해야 하는데 러시아어로 특정한 의미가 각각 있습니다. 가령 вто́рник, среда́, четве́рг를 봅시다. вто́рник은 второ́й, повторя́ть와 비슷하지요? 일주일 가운데 두 번째 날이란 뜻이죠. 일요일(Sunday)부터 세기 시작하는 영어권과 달리(그렇지만 우리와 비슷하게), 러시아인들은 월화수목금토일의 순서로 나열하기 때문에 화요일이 두 번째 날이 된답니다. среда́는 중간이란 의미의 середи́на, сре́дний와 같은 어원을 갖고 있고 четве́рг는 일주일의 네 번째 날이란 뜻으로 четы́ре, четвёртый와 비슷한 모양이지요. пя́тница는 пять, пя́тый와 같은 어원으로 다섯 번째 날이란 뜻이지요. понеде́льник, суббо́та, воскресе́нье를 살펴보면 понеде́льник은 일요일(과거에는 неде́ля, 즉 일하지 않은 날이란 의미의 이 단어가 일요일을 뜻했지요) 다음(по)의 날이라는 뜻이 있고 суббо́та는 유대교의 안식일인 Sabbath에서 온 말입니다. воскресе́нье는 부활이란 뜻(воскресе́ние)을 갖고 있답니다. 정교가 국교였던 러시아에서는 일요일은 예수의 부활과 연관된 의미를 지니는 것 같습니다.

러시아의 축일(Пра́здники)

어느 나라나 공통적으로 축하하는 날들, 가령 설날과 같은 명절이 있고, 또 우리의 한글날과 같은 러시아 고유의 축일들이 있지요. 러시아에서는 이런 날들을 пра́здничные дни 혹은 кра́сные дни календаря́라고 부른답니다. 직장이나 학교에 가지 않는 이런 날들은 누구나 좋아하지요.

1 января́ Но́вый год 설날

7 января́ Рождество́ Христо́во 성탄(구력으로 12월 25일)

8 ма́рта Междунаро́дный же́нский день (Пра́здник Восьмо́го ма́рта; Же́нский день) 여성의 날

1 ма́я День весны́ и труда́ 노동절, May Day

9 ма́я День Побе́ды (день побе́ды над фаши́стской Герма́нией) 승전기념일

12 ию́ня День Росси́и (День незави́симости; день приня́тия деклара́ции о госуда́рственном суверените́те Росси́йской Федера́ции) 독립일

4 ноября́ День наро́дного еди́нства 국민 통합의 날

다음은 주요 축하 인사와 응답 표현입니다. 전치사 c와 조격을 사용하는데 이는 (Я) Поздравля́ю вас가 생략된 형태이기 때문이지요.

생일	С днём рожде́ния!	Спаси́бо.
집들이	С новосе́льем!	Спаси́бо.
설날	С Но́вым го́дом!	Вас то́же. / С но́вым го́дом.
출산	С новорождённым!	Спаси́бо.
여성의 날	С 8 (восьмы́м) ма́рта!	Спаси́бо. / Вас то́же.(상대가 여성일 때)
성탄	С Рождество́м (Христо́вым)!	Вас то́же!
보편적 형태	С пра́здником!	Вас то́же!

✎ 부활절에는 신자들의 경우 Христо́с воскре́с!그리스도 부활하셨네! — Вои́стину воскре́с!진정 부활하셨네!와 같이 서로 인사합니다. 이렇게 인사할 때 상대방에게 세 번 입맞추는 것이 관례입니다.

НО́ВЫЕ СЛОВА́

단어	품사	의미
возвраща́ться / верну́ться	동사	돌아가다
встава́ть / вста́ть	동사	일어나다, 기상하다
гото́вить	동사(불완)	요리하다, 준비하다
гуля́ть / погуля́ть	동사	산책하다
за́втракать / поза́втракать	동사	아침식사하다
зака́нчиваться / зако́нчиться	동사	끝나다, 종료하다
заходи́ть / зайти́	동사	들르다
игра́ть / сыгра́ть	동사	놀다, 경기하다, 연주하다
ложи́ться / лечь	동사	눕다
мыть / помы́ть	동사	씻다
обе́дать / пообе́дать	동사	점심 먹다, 만찬하다
одева́ться / оде́ться	동사	옷을 입다
остава́ться / оста́ться	동사	남다, 머물다
повторя́ть / повтори́ть	동사	반복하다
поступа́ть / поступи́ть	동사	입학하다
принима́ть / приня́ть	동사	접수하다, 맞이하다
раздева́ться / разде́ться	동사	옷을 벗다
расска́зывать / рассказа́ть	동사	이야기하다
реша́ть / реши́ть	동사	결심하다, 해결하다
сади́ться / сесть	동사	앉다
сиде́ть	동사(불완)	앉아 있다
смотре́ть / посмотре́ть	동사	보다, 관람하다

단어	품사	의미
спать	동사(불완)	자다
стира́ть / постира́ть / вы́стирать	동사	세탁하다
убира́ть / убра́ть	동사	치우다
умыва́ться / умы́ться	동사	씻다
баскетбо́л	명사	농구
бу́дни	명사	평일, 일상(항상 복수)
виолонче́ль	명사(여성)	첼로
волейбо́л	명사	배구
воскресе́нье	명사	일요일
вто́рник	명사	화요일
гита́ра	명사	기타
дивиди́	명사	DVD(불변)
душ	명사	샤워
за́втрак	명사	아침식사
кабине́т	명사	사무실
ка́рты	명사	카드게임(복수)
ко́мплекс	명사	복합공간, 단지
конфере́нция	명사	학회
неде́ля	명사	주(週)
парк	명사	공원
пиани́но	명사	피아노(불변)
понеде́льник	명사	월요일
посу́да	명사	식기
проду́кт	명사	생산품, 식료품
пя́тница	명사	금요일
распоря́док	명사	정돈, 질서
роя́ль	명사(남성)	그랜드 피아노
скри́пка	명사	바이올린
среда́	명사	수요일

단어	품사	의미
суббо́та	명사	토요일
те́ннис	명사	테니스
у́жин	명사	저녁식사
фоне́тика	명사	음성학
футбо́л	명사	축구
хокке́й	명사	하키
четве́рг	명사	목요일
ша́хматы	명사	체스
зате́м	부사	그래서, 그 다음
наве́рно, наве́рное	부사	아마 틀림없이
наконе́ц	부사	마침내, 드디어
по́здно	부사	늦게
по́зже	부사	더 늦게, 나중에
прия́тно	부사	쾌적하게, 기분 좋게
регуля́рно	부사	정기적으로
снача́ла	부사	우선
во ско́лько	의문사	몇 시에
потому́ что	접속사	왜냐하면
для	전치사	–를 위해(+생격)
че́рез	전치사	–를 지나(+대격)
детекти́вный	형용사	탐정물의
дешёвый	형용사	싼
класси́ческий	형용사	고전의
лингафо́нный	형용사	어학실습실의
практи́ческий	형용사	실질적인
свобо́дный	형용사	자유로운
спорти́вный	형용사	스포츠의
театра́льный	형용사	극장의
университе́тский	형용사	대학의
к тому́ же	표현	게다가

단어	품사	의미
ложи́ться / лечь спа́ть	표현	잠자리에 들다
Молоде́ц!	표현	잘했어! 대단해!
принима́ть / приня́ть душ	표현	샤워하다

УРО́К 9

ЛЕ́ТНИЕ КАНИ́КУЛЫ

ДИАЛО́ГИ

Ⓐ Я никогда́ не́ был на Чёрном мо́ре.

Жена́ профе́ссора Ю: Алло́!

О́льга Петро́вна: Алло́, бу́дьте добры́, позови́те[1], пожа́луйста, профе́ссора Ю.

Жена́: Э́то О́льга Петро́вна?

О́льга Петро́вна: Да, э́то я.

Жена́: А э́то говори́т Ни́на Ива́новна – жена́ профе́ссора Ю.

О́льга Петро́вна: Здра́вствуйте, Ни́на Ива́новна!

Жена́: Здра́вствуйте! Одну́ мину́точку, сейча́с муж подойдёт.

Профе́ссор Ю: Слу́шаю Вас, О́льга Петро́вна.

О́льга Петро́вна: Здра́вствуйте, профе́ссор Ю! Скажи́те, Вы когда́-нибудь бы́ли в Со́чи?

Профе́ссор Ю: Я никогда́ не́ был на ю́ге Росси́и. Я давно́

1) позови́те: 불러주세요; позва́ть(완)의 명령형

	хоте́л побыва́ть в Со́чи. Ведь там была́ зи́мняя Олимпиа́да.
О́льга Петро́вна:	Не хоти́те пое́хать с на́ми[2)] в Со́чи? Мы собира́емся[3)] пое́хать туда́ на сле́дующей неде́ле. Ле́том там о́чень хорошо́ отдыха́ть: мо́жно загора́ть и купа́ться це́лый день.
Профе́ссор Ю:	Прекра́сно! Мы как раз свобо́дны на сле́дующей неде́ле. Ведь вчера́ начали́сь ле́тние кани́кулы.
О́льга Петро́вна:	Отли́чно! Договори́лись!

Б Что вы де́лаете во вре́мя кани́кул?

Ми́ша:	Ребя́та, что вы де́лаете во вре́мя кани́кул?
Сежун:	Ничего́ осо́бенного.
Джейн:	Я преподаю́ англи́йский язы́к два ра́за в неде́лю. Кро́ме э́того я бо́льше ничего́ не де́лаю.
Ми́ша:	Не хоти́те все вме́сте пое́хать в Санкт-Петербу́рг?
Сежун:	Коне́чно, хочу́!
Джейн:	Я то́же хочу́!
Ми́ша:	Ле́том там о́чень хоро́шая пого́да и бе́лые но́чи.

2) с на́ми: 우리와 함께; 이 표현은 전치사 с가 지배하는 조격명사와 함께 사용된 것임.

3) собира́ться / собра́ться + 동사원형: -하려고 하다, -하려고 계획하다

И ещё там мо́жно уви́деть Эрмита́ж, Петропа́вловскую кре́пость, Петродворе́ц, Исаа́киевский собо́р, Каза́нский собо́р и Марии́нский теа́тр. И Нева́ – о́чень краси́вая река́.

Сежун: Говоря́т, что Санкт-Петербу́рг – са́мый краси́вый го́род в Росси́и.

Джейн: Я была́ там в 2012 (две ты́сячи двена́дцатом) году́ и о́чень хочу́ ещё раз посмотре́ть э́тот замеча́тельный го́род.

Ми́ша: Тогда́ дава́йте встре́тимся за́втра и поговори́м о на́шей пое́здке.

Сежун: Хорошо́!

Джейн: Отли́чно!

Дава́йте поговори́м 1

전화로 여러분이 가고 싶은 장소에 친구를 초대해 보세요.

Дава́йте поговори́м 2

러시아 지도에서 가고 싶은 도시나 휴양지를 골라 친구에게 함께 여행할 것을 제안해 보세요.

Основны́е выраже́ния

УРО́К 9를 공부하는 동안 다음 문형을 연습해 봅시다.

1. А: Куда́ ты собира́ешься пое́хать ле́том?
   Б : Я пое́ду в Москву́.
   А: Я то́же хочу́ пое́хать в Москву́. Дава́й пое́дем вме́сте.

2. А: Когда́ вы роди́лись?
   Б : Я роди́лся 5 (пя́того) ию́ня 1981 (ты́сяча девятьсо́т во́семьдесят пе́рвого) го́да.
   В : Я то́же роди́лся в 1981 (ты́сяча девятьсо́т во́семьдесят пе́рвом) году́, и то́же в ию́не.
   22 (два́дцать второ́е) ию́ня – э́то мой день рожде́ния.

〈동사〉

собира́ться(불완)
переводи́ть / перевести́
роди́ться(완)
пожени́ться(완)
купа́ться(불완)
преподава́ть(불완)
влюби́ться(완)

	преподава́ть	перевести́	переводи́ть
я	преподаю́	переведу́	перевожу́
ты	преподаёшь	переведёшь	перево́дишь
он / она́	преподаёт	переведёт	перево́дит
мы	преподаём	переведём	перево́дим
вы	преподаёте	переведёте	перево́дите
они́	преподаю́т	переведу́т	перево́дят

✎ роди́ться는 일단 과거형만 알아 둡시다: роди́лся, родила́сь, роди́лось, роди́лись.

✎ пожени́ться는 어휘의미상 복수 주어와만 결합할 수 있습니다. 단수 주어일 경우에는 주어가 남자와 여자일 때 각각 다른 동사가 사용됩니다: Они́ пожени́лись. Он жени́лся. Она́ вы́шла за́муж.

ЧТЕ́НИЕ

Меня́ зову́т Мингю, моя́ фами́лия Ю. Я коре́ец. Я роди́лся в Инчо́не в 1972-о́м году́. Моя́ жена́ Ни́на Ива́новна—ру́сская. Она́ из Оде́ссы. Она́ моло́же меня́ на четы́ре го́да. Я лингви́ст, а она́ литературове́д. Мы встре́тились на филологи́ческом факульте́те МГУ в 1999-ом году́. Она́ изуча́ла коре́йский язы́к, а я ру́сский. Когда́ я в пе́рвый раз увиде́л её, то сра́зу в неё влюби́лся. Снача́ла я о́чень пло́хо говори́л по-ру́сски, хотя́ изуча́л ру́сский язы́к уже́ год. Благодаря́ Ни́не[1)] я сейча́с говорю́ по-ру́сски, почти́ как носи́тель языка́. По́сле оконча́ния учёбы я не пое́хал обра́тно в Коре́ю. Вме́сто э́того я реши́л оста́ться в Росси́и. В 2005-ом году́ мы пожени́лись. Тепе́рь я преподаю́ коре́йский язы́к в одно́м моско́вском институ́те. А Ни́на перево́дит кни́ги с коре́йского языка́ на ру́сский[2)]. Она́ о́чень лю́бит коре́йский язы́к и культу́ру. Мы о́ба лю́бим путеше́ствия, джаз и бале́т.

---

1) **благодаря́ + 여격** –덕분에

2) **переводи́ть / перевести́ + 대격 + с 생격 + на 대격** –을 –언어에서 –언어로 번역하다

ГРАММА́ТИКА

1. ДАВНО́ vs. ДО́ЛГО

시간과 관련된 부사 давно́와 до́лго는 혼동하기 쉬운 어휘입니다. до́лго가 어떤 행위나 상태의 지속 시간을 의미하는 데 반해, давно́는 '오랫동안 －을 해왔다'라는 현재완료적 의미가 강함에 주의해야 합니다. 따라서 давно́는 영어의 현재완료나 과거완료가 지니는 의미를 가지도록 번역하는 것이 적당합니다. давно́의 또 다른 의미는 '오래전에'로 민담의 첫 문장에는 늘 давны́м-давно́가 나타납니다.

Он давно́ жил / живёт там. vs. Он до́лго жил там.

неда́вно는 '최근에'라는 의미로 사용되며 지속되는 의미의 '최근'이란 의미는 в / за после́днее вре́мя입니다.

Он неда́вно был в музе́е.
В после́днее вре́мя студе́нты не живу́т в э́том общежи́тии.

Упражне́ние 1 다음을 러시아어로 작문하세요.

1. 그들은 오랫동안 그녀를 알고 지내왔다.
2. 나는 도서관에서 오래 자습한다.
3. 나는 서울에서 오래 살아왔다.
4. 그는 최근에 여기 왔었다(있었다).
5. 우리는 오래 못 만났다(오랜만이네요).

2. 러시아어의 이중부정

러시아어에서는 я **ничего́ не** зна́ю, я **никого́ не** люблю́처럼 부정이 목적어/부사와 동사 모두에 나타나는 이중부정을 사용할 수 있습니다. 위 문장들을 영어로 번역하면 I don't know nothing, I don't love nobody로 비문이 되지만, 러시아어에서는 이중부정이 강한 부정의 의미를 갖는 문법적 문장이 된답니다.

ни-의문사+не 동사

Я никого́ не зна́ю в э́том го́роде.
Я никогда́ не́ был на Чёрном мо́ре.
Я нигде́ не рабо́таю.

✎ 전치사 뒤에 ни-의문사가 오는 경우 〈ни+전치사+의문사〉와 같이 ни를 따로 떼어 전치사 앞에 둡니다: Я **ни о чём** не ду́маю.

Упражне́ние 2 다음 образе́ц와 같이 질문에 답하고 해석해 보세요.

Образе́ц:	А: Где ты рабо́таешь? Б: Я нигде́ не рабо́таю.

1. Где живёт Ива́н?
2. Что зна́ет ваш оте́ц?
3. О чём говори́т профе́ссор?
4. О ком ты говори́шь?
5. Когда́ рабо́тает Ива́н?

3. 형용사·부사의 비교급

비교급 형용사가 수식어로 사용되는 경우에는 형용사 앞에 성, 수, 격에 있어 불변형인 бóлее를 놓습니다. 반대로 '덜 -한'이라는 의미를 나타낼 때에는 бóлее 대신 мéнее를 사용합니다. 하지만, 이러한 표현들은 구어에서는 잘 사용되지 않습니다.

бóлее краси́вый дом　　бóлее краси́вое дéрево
бóлее краси́вая дéвушка　　бóлее краси́вые плáтья

서술어로 사용되는 경우에는 위의 형태와 더불어 자체로 비교급 형태를 갖는 형용사나 부사가 사용됩니다. 긴 형태의 -ee 형태와 단어미형인 -e가 있답니다. 자주 사용되는 형태를 익혀 둡시다. 이들 모두 역시 성, 수, 격 일치에서 제외된답니다.

원급	-ee 비교급
краси́вый	краси́вее
интерéсный	интерéснее
дли́нный	длиннée
стáрый 낡은/오래된	старée 더 낡다, 더 오래되다(cf. стáрше)

원급	-e 비교급
большóй	бóльше
мáленький	мéньше
высóкий	вы́ше
ни́зкий	ни́же
молодóй	молóже
стáрый 늙은	стáрше 손위이다, 더 나이가 많다
дешёвый	дешéвле
дорогóй	дорóже
рáно	рáньше
пóздно	пóзже

✎ 때로는 다른 어간을 사용하는 경우도 있으니 유의하세요.

хоро́ший → лу́чше

плохо́й → ху́же

비교의 대상을 나타내기 위해서는 전치사 чем-보다 뒤에 비교하는 대상의 격형태가 사용됩니다. 예문에서는 주어가 비교대상이므로 주격명사가 사용됩니다.

Э́тот штат бо́льше, чем тот штат.
이 주(州)는 저 주보다 더 크다.

Моя́ маши́на бо́льше, чем твоя́ маши́на.
내 자동차는 네 자동차보다 크다.

Мой мла́дший брат говори́т по-ру́сски лу́чше, чем я.
내 동생은 나보다 러시아어로 더 잘 말한다.

✎ 때로는 전치사 чем 대신 비교대상이 되는 명사의 생격형이 바로 올 수도 있지요.

Э́то о́зеро глу́бже того́ о́зера. 이 호수는 저 호수보다 더 깊다.

= Это о́зеро глу́бже, чем то о́зеро.

✎ 두 비교대상의 차이의 정도는 전치사 на+대격을 사용하여 나타냅니다.

Она́ моло́же меня́ на два го́да. 그녀는 나보다 두 살 어리다.

Упражне́ние 3 다음을 러시아어로 작문하세요.

1. 이 산맥[го́ры]은 저 산맥보다 더 높다.
2. 이 치마가 저 치마보다 더 짧다.
3. 우리 도시가 당신의 도시보다 더 큽니다.
4. 그녀의 차가 네 차보다 더 오래된 것이다.
5. 이 블라우스가 저 블라우스보다 더 싸다.
6. 이 호수가 저 호수보다 더 깊습니다.
7. 이 펜이 저 펜보다 길이가 더 깁니다.
8. 이 여대생이 저 여대생보다 더 아름답다.
9. 이 소설이 저 소설보다 더 재미있습니다.
10. 나는 그보다 나이가 다섯 살 더 많습니다.

4. 소사

ведь, же 등 소사는 매우 자주 사용되지만 문맥에 따라 뜻이 달라지기 때문에 분명히 정의하기 어렵습니다. 특히 же와 같은 소사는 앞의 단어와 함께 하나의 단어처럼 발음되는 후접어(enclitic)랍니다. там же는 '바로 그곳에서'라는 뜻으로 동일함을 나타내는데, 그 밖에도 이 소사는 알려진 사실을 강조하는 의미를 띠기도 하지요. 이 경우 ведь와 유사한 의미를 갖습니다.

Там **же** скóро бýдет зи́мняя Олимпиáда. 바로 거기서 동계올림픽이 곧 열릴 거야.
Я сейчáс **же** тудá пойдý! 바로 지금 나 그곳으로 갈게!
Ведь сейчáс лéтние кани́кулы. (알다시피) 지금 여름방학이야.

✎ тот(та, то, те) же: 바로 그 (동일한)
в то же врéмя: 그와 동시에, 바로 그때

5. 시간표현 III: 날짜

● 단위: век세기 > год연 > мéсяц월 > недéля주 > день일

● 달(мéсяц)

янвáрь	феврáль	март	aпрéль
май	ию́нь	ию́ль	áвгуст
сентя́брь	октя́брь	ноя́брь	декáбрь

✎ 달 이름은 모두 남성명사라는 점에 유의하세요!

● 날짜에 대해 묻고 대답하기

– Какóе сегóдня числó?
– Сегóдня пéрвое(трéтье, пя́тое...) мáрта(мáя, ию́ня...).

- Когда́ 의문문에 대답하기

주일을 기준으로, 더 큰 단위는 **в+전치격**, 주일보다 작은 단위는 **в+대격**, 주일은 **на+전치격**을 사용합니다.

요일	<	주일	<	월, 연, 세기
в+대격		**на+전치격**		**в+전치격**
в сре́ду		на э́той неде́ле		в а́вгусте
		на сле́дующей неде́ле		в э́том ме́сяце
в э́тот день		на бу́дущей неде́ле		в э́том году́
		на про́шлой неде́ле		в два́дцать пе́рвом ве́ке

(1) 질문하기

- 몇 년도에 -했습니까?

  В како́м году́ ... ?
- 무슨 요일(들)에 -합니까/했습니까?

  В како́й день ... ?

  В каки́е дни ... ?
- 몇 시에 -합니까/했습니까?

  Во ско́лько ... ?
- 막연히 언제인지 물어볼 때: Когда́ ... ?
- 지속기간을 물어볼 때: Как до́лго ... ?

  (대답할 때에는 전치사 없이 대격 사용: Я занима́лся три часа́.)

(2) 특정 날짜(일/달/연도)에 일어난 일에 대해 말하기

Когда́ вы роди́лись?

- 1984년 3월 1일에:

  Я родила́сь пе́рвого (전치사 없이 서수 생격)

  ма́рта (생격)

  ты́сяча девятьсо́т во́семьдесят четвёртого го́да.

  (연도 중 맨 마지막 숫자만 서수로 생격, 연 단위 생격)

• 1984년 3월에:

Я родила́сь в ма́рте (전치격)
тысяча девятьсо́т во́семьдесят четвёртого го́да.
(연도 중 맨 마지막 숫자만 서수로 생격, 연 단위 생격)

• 1984년에:

Я родила́сь в ты́сяча девятьсо́т во́семьдесят четвёртом году́.
(맨 마지막 숫자만 서수로 전치격, 연 단위 전치격)

Упражне́ние 4 다음 질문에 답해 봅시다.

1. Когда́ у нас бу́дет экза́мен?

6월 3일 4월 15일 5월 24일 7월 1일

2. В како́м году́ он поступи́л в шко́лу? [поступа́ть / поступи́ть 입학하다]

1985년 1846년 2004년 2011년

Упражне́ние 5 다음을 러시아어로 작문하세요.

1. 오늘 며칠이에요? 오늘 6월 3일입니다.
2. А: 당신은 언제 태어났지요?
   Б : 1975년 4월 20일에 태어났어요.
3. 지난 주일에 우리는 그의 다차에 있(갔)었다. 다음 주에는 그녀의 다차에 있을(갈) 것이다.
4. А: 당신이 제일 좋아하는 달은 무슨 달입니까?
   Б : 내가 제일 좋아하는 달은 5월입니다.
5. А: 그들이 언제 결혼했니?
   Б : 2003년 8월에.

6. 기타 표현

6.1. 지리적 표현

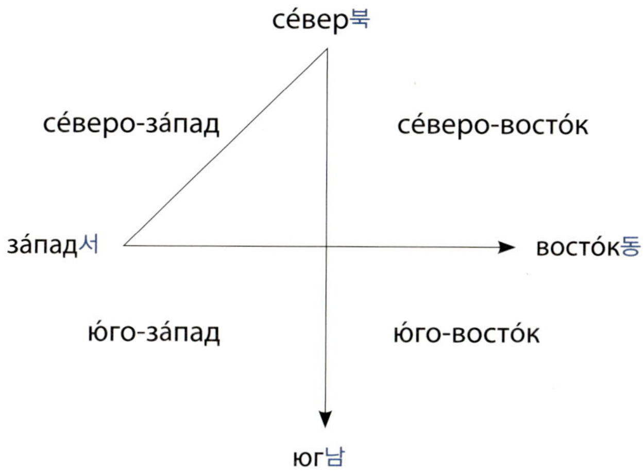

✎ 방위는 전치사 на+전치격을 사용합니다.

– Где нахо́дится э́тот го́род?

– На се́вере.
– На восто́ке.
– На ю́ге.
– На за́паде.

✪ 익혀둡시다!
о́зеро호수, река́강, мо́ре바다, океа́н대양, о́стров섬,
полуо́стров반도, гора́산, го́ры산맥

6.2. 계절(Времена́ го́да)

주격	весна́봄	ле́то여름	о́сень가을	зима́겨울
조격 (부사)	весно́й봄에	ле́том여름에	о́сенью가을에	зимо́й겨울에
수식어 (형용사)	весе́нний봄의	ле́тний여름의	осе́нний가을의	зи́мний겨울의

✎ 위 형용사들은 연변화 형용사들인데 주로 시간 관련 형용사가 그런 경향을 보입니다.

– Какóе сейчáс врéмя гóда?
– Сейчáс веснá / лéто / óсень / зимá.

– Какóе врéмя гóда вы лю́бите?
– Я люблю́ веснý / лéто / óсень / зи́му.

– Когдá вы éдете в Москвý?
– Веснóй. / Лéтом. / Óсенью. / Зимóй.

6.3. 전화 에티켓

Аллó! / Да! / Слýшаю!	여보세요?
Э́то Мáша. / Говори́т Мáша.	저 마샤예요.
Мóжно Вади́ма?	바짐 부탁합니다.
Позови́те Вади́ма, пожáлуйста.	바짐 불러주세요.
Óльга дóма?	올가 집에 있나요?
Минýточку. / Минýтку.	잠깐만요.
Сейчáс (позовý).	지금 곧 불러 드릴게요.
Её / Егó нет (дóма).	그 여자/남자 집에 없습니다.
Вы не знáете, когдá он(á) придёт?	언제 올지 아시나요?
Чтó-нибудь передáть?	뭐 전해드릴 말 있나요?
Передáйте, пожáлуйста, что звони́л И́горь.	이고리가 전화했다고 전해주세요.
Хорошó, передáм.	좋아요, 전해드리죠.
Вы оши́блись нóмером. / Вы не тудá попáли.	전화 잘못 거셨어요.

- Телефо́нный разгово́р

Лари́са:	Ле́ну, пожа́луйста.
Ма́ма Ле́ны:	Её нет до́ма.
Лари́са:	Вы не зна́ете, когда́ она́ придёт?
Ма́ма Ле́ны:	То́чно не зна́ю. Мо́жет быть, часо́в в во́семь. Что́-нибудь переда́ть?
Лари́са:	Переда́йте, пожа́луйста, что звони́ла Лари́са.
Ма́ма Ле́ны:	Хорошо́, переда́м.
Лари́са:	Спаси́бо. До свида́ния.
Ма́ма Ле́ны:	Всего́ хоро́шего.

7. 부정(不定)인칭문

Говоря́т, что...와 같이 부정인칭 혹은 일반인칭 문장은 반드시 3인칭 복수 주어를 생략한 형태로 사용됩니다. 이미 배웠던 Как тебя́(вас) зову́т?도 여기에 속합니다.

Меня́ задержа́ли.	나를 지체하게 만들었다.
Его́ награди́ли.	그는 상을 받았다.
Про́сят не кури́ть.	흡연하지 않도록 부탁합니다.

때로는 특정한 사람이 주어라 할지라도 이렇게 사용될 수 있습니다.

Тебя́ ждут.	(누군가) 널 기다리고 있어.
Вас про́сят к телефо́ну.	누가 당신과 통화하고 싶어합니다.

КУЛЬТУ́РА

Санкт-Петербу́рг(舊 Ленингра́д)와 Пётр Вели́кий

페테르부르크 지명의 변천사는 러시아의 역사적 변천을 잘 보여 줍니다. 본래 이 도시는 1703년 표트르 대제(Пётр Вели́кий, 1672-1725)의 명에 따라 새로이 건설된 수도로 1712년부터 1914년까지 모스크바를 대신해 러시아의 수도였습니다. 이는 '수호성인 베드로의 도시'란 뜻의 독일식 발음에 기인한 것으로 1914년부터 1924년까지 짧은 기간에는 러시아식 이름인 Петрогра́д로 불렸고 1924년 레닌 사후 그를 기념하여 Ленингра́д라 불리게 되었답니다. 1991년 공산체제 해체 후 예전 지명인 Санкт-Петербу́рг를 되찾게 되었습니다.

표트르 대제는 러시아를 서구화·근대화시킨 장본인으로 개성이 뚜렷한 근대적 인간상과 남다른 지도력을 가진 통치자였다고 할 수 있습니다. 당시 발전된 서유럽의 근대국가들에 비해 변두리의 후진국이었던 러시아를 강력한 유럽 열강의 하나로 국제 무대에 참여시키는 것이 표트르 대제의 평생의 꿈이었지요. 그는 서유럽의 발전된 기술문화를 받아들이기 위해 직접 유럽 여러나라를 여행하며 견문을 쌓고 기술을 배웠어요. 황제의 신분에도 불구하고 조선소에서 일하기도 하고 의학 해부 현장에 참가하기도 했었죠. 러시아에서 오랫동안 사용되어 오던 고대교회슬라브어의 낡은 알파벳 체계와 서체를 개혁하기도 했답니다. 표트르 대제의 꿈은 서유럽에 보다 가까운 새로운 수도, 페테르부르크의 건설로 그 정점에 달했지요. 국내에 번역되거나 집필된 자료들을 통해 위대한 황제 표트르에 대해서 더 알아보세요!

НО́ВЫЕ СЛОВА́

단어	품사	의미
влюби́ться	동사(완)	사랑하게 되다(в+대격)
ждать / подожда́ть	동사	기다리다
загора́ть / загоре́ть	동사	일광욕하다, 햇볕에 타다
заде́рживать / задержа́ть	동사	지체시키다
звать / позва́ть	동사	부르다
звони́ть / позвони́ть	동사	전화하다
купа́ться / вы́купаться	동사	목욕하다, 해수욕하다
кури́ть	동사(불완)	담배 피우다
награжда́ть / награди́ть	동사	상(賞) 주다
находи́ться	동사(불완)	위치하다
остава́ться / оста́ться	동사	남다, 머물다
ошиба́ться / ошиби́ться	동사	실수하다, 잘못하다
переводи́ть / перевести́	동사	번역하다, 통역하다
передава́ть / переда́ть	동사	전해주다
поговори́ть	동사(완)	잠시 이야기하다
подходи́ть / подойти́	동사	다가오다, 접근하다
пожени́ться	동사(완)	혼인하다(복수 주어)
попада́ть / попа́сть	동사	명중하다, 우연히 만나다, 어떤 상태에 이르다
преподава́ть	동사(불완)	가르치다
приходи́ть / прийти́	동사	오다, 도착하다
проси́ть / попроси́ть	동사	요청하다
роди́ться	동사(완)	태어나다
собира́ться / собра́ться	동사	–하려고 하다
век	명사	세기
весна́	명사	봄

단어	품사	의미
восто́к	명사	동쪽
год	명사	연(年), 해
го́ры	명사	산맥(복수)
де́рево	명사	나무
де́ти	명사	아이들(항상 복수)
за́пад	명사	서쪽
зима́	명사	겨울
кани́кулы	명사	방학
кре́пость	명사(여성)	성채, 요새
ле́то	명사	여름
лингви́ст	명사	언어학자
литературове́д	명사	문학연구자
ме́сяц	명사	월(月), 달
носи́тель	명사(남성)	사용자, 소지자 носи́тель языка́ 원어민
о́зеро	명사	호수
океа́н	명사	대양
оконча́ние	명사	종결, 문법어미
олимпиа́да	명사	올림픽 게임
о́сень	명사	가을
о́стров	명사	섬
пого́да	명사	날씨
пое́здка	명사	여행
полуо́стров	명사	반도
путеше́ствие	명사	여행
ребя́та	명사	제군들, 여러분(복수)
река́	명사	강
рожде́ние	명사	출생
се́вер	명사	북쪽
собо́р	명사	성당, 사원
у́ровень	명사(남성)	수준

단어	품사	의미
учёба	명사	학업
Чёрное мóре	명사	흑해
числó	명사	수, 날짜
чтó-нибудь	명사	무엇이든
юг	명사	남쪽, 남부
бóльше	부사/형용사(비교급)	더 이상, 더 많이
веснóй	부사	봄에
вообщé	부사	대체로, 전혀
зимóй	부사	겨울에
когдá-нибудь	부사	언제라도, 언젠가
лéтом	부사	여름에
мóжно	부사	-해도 된다, -할 수 있다
недáвно	부사	최근에
никогдá	부사	결코 -아니다
óсенью	부사	가을에
почтú	부사	거의
прекрáсно	부사	훌륭하게, 아주 잘
рáно	부사	일찍
срáзу	부사	곧바로
тóчно	부사	정확히
благодаря́	전치사	-덕분에(+여격)
вмéсто	전치사	-대신에(+생격)
как	전치사/접속사	-와 같이
хотя́	접속사	-임에도 불구하고
óба/óбе	지시형용사	둘 다
бýдущий	형용사	미래의
весéнний	형용사	봄의
вы́ше	형용사(비교급)	더 높다, 더 높게
дешéвле	형용사(비교급)	더 싸다, 더 싸게
дорогóй	형용사	귀중한, 비싼

단어	품사	의미
доро́же	형용사(비교급)	더 비싸다, 더 비싸게
замеча́тельный	형용사	우수한, 현저한
зи́мний	형용사	겨울의
ле́тний	형용사	여름의
ме́ньше	형용사(비교급)	더 작다/적다, 더 작게/적게
моло́же	형용사(비교급)	더 젊다, 더 젊게
ни́же	형용사(비교급)	더 낮다, 더 낮게
ни́зкий	형용사	낮은
осе́нний	형용사	가을의
осо́бенный	형용사	특별한
про́шлый	형용사	과거의
сле́дующий	형용사	그 다음의
ста́рше	형용사(비교급)	손위이다, 더 나이가 많다
ху́же	형용사(비교급)	더 나쁘다, 더 나쁘게
ведь	소사	바로, 알다시피, 진정
же	소사	바로, 진정
Бу́дьте добры́.	표현	실례합니다(부탁 앞에 붙이는 말)
вы́йти за́муж	표현	시집가다
ещё раз	표현	다시 한번
как ра́з	표현	바로, 마침
Одну́ мину́точку.	표현	잠시만요

УРО́К 10

ПИ́ШЕМ ПИСЬМО́ ПО-РУ́ССКИ!

ПИСЬМО́

Дорога́я Мина!

Спаси́бо за письмо́. Я ра́да была́ узна́ть, что у тебя́ в Росси́и всё хорошо́. Кака́я иро́ния судьбы́! Ты в Москве́, а я в Сеу́ле! Ты пи́шешь, что у тебя́ о́чень напряжённый семе́стр в университе́те. У меня́ то́же здесь, в Коре́е, о́чень тяжёлый семе́стр. У меня́ во вто́рник, в сре́ду и в пя́тницу це́лый день ле́кции. В понеде́льник и в четве́рг я не хожу́ на ле́кции. В э́то вре́мя я занима́юсь весь день в библиоте́ке. Коре́йский язы́к о́чень тру́дный, но интере́сный. Друзья́ и преподава́тели говоря́т, что я сейча́с гора́здо лу́чше говорю́ и понима́ю по-коре́йски, чем ра́ньше. Но я ещё ме́дленно чита́ю и пло́хо пишу́. Са́мое тру́дное для меня́ – коре́йская исто́рия, но в то же вре́мя э́то са́мый интере́сный предме́т. В суббо́ту я хожу́ в кино́ и́ли на конце́рты. Я о́чень люблю́ коре́йские фи́льмы. Мой са́мый люби́мый режиссёр – Бон Чжунхо́. В воскресе́нье я до́лго сплю и весь день отдыха́ю. Иногда́ я занима́юсь в спорти́вном за́ле университе́та и́ли игра́ю на гита́ре.

Ты спрáшиваешь, как прохóдит мой обы́чный день. Я обы́чно рáно встаю́, часóв в шесть, и принимáю душ. Я зáвтракаю в столóвой в общежи́тии. Потóм я немнóго читáю и занимáюсь в университéтском кафé «Фанко». Кóфе там недорогóй и óчень хорóший. Потóм я иду́ на лéкции. Пéрвая пáра начинáется в дéвять часóв. Пóсле заня́тия я обéдаю. Пóсле обéда я немнóго гуля́ю. Ведь Сеу́льский госудáрственный университéт нахóдится в горáх: прирóда здесь краси́вая, а ещё свéжий вóздух. Я óчень люблю́ э́тот университéт. В два часá я иду́ на заня́тие. Пóсле заня́тий я иду́ в библиотéку и читáю. Я должнá занимáться бóльше, чем други́е студéнты, потому что я инострáнка. В шесть часóв я у́жинаю и иду́ в общежи́тие. У себя́ в кóмнате я немнóго отдыхáю: слу́шаю класси́ческую му́зыку по рáдио и́ли смотрю́ нóвости по телеви́зору. А потóм я два часá занимáюсь и в оди́ннадцать часóв ложу́сь спать.

Студéнческая жизнь – однообрáзная, не так ли? Но я óчень люблю́ Корéю и корéйскую культу́ру. Я счáстлива, что у меня́ есть возмóжность учи́ться здесь, в э́той краси́вой странé! Здесь я чу́вствую себя́ как дóма.

Мина, на э́том всё. Пиши́ о себé побóльше. Жду твоегó отвéта.

Обнимáю,
твоя́ Натáша.
27 июня 2011 гóда.

Упражнéние 1 엽서 보내기 사이트(http://www.postcard.ru)를 방문하여 친구들과 선생님께 축하카드를 보냅시다.

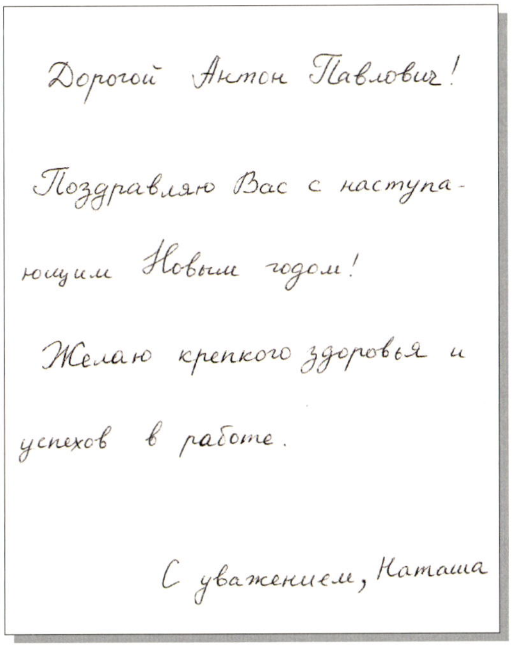
Дорогой Антон Павлович!

Поздравляю Вас с наступающим Новым годом!

Желаю крепкого здоровья и успехов в работе.

С уважением, Наташа

Нóвый год

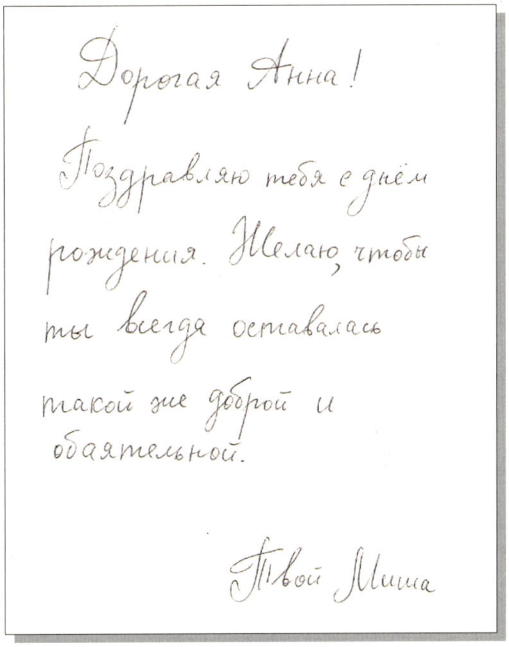
Дорогая Анна!

Поздравляю тебя с днём рождения. Желаю, чтобы ты всегда оставалась такой же доброй и обаятельной.

Твой Миша

Дéнь рождéния

Упражнéние 2 다음을 러시아어로 작문하세요.

친애하는 나타샤,

안녕? 네 편지 고마워. 서울에서 어떻게 지내?

이곳 모스크바에서는 모든 것이 재미있고 새로워.

러시아어는 어렵지만 무척 흥미롭단다. 내가 처음 모스크바에 왔을 때, 나는 러시아어로 잘 말하고 쓰지 못했어. 그렇지만 지금은 러시아어로 꽤 잘 말하고 또 쓸 수 있단다. 나는 이번 학기에 러시아 역사, 문화, 문학을 배우고 있어. 모든 강사 선생님들과 교수님들이 잘 가르치시고 모든 수업이 재미있어. 러시아 문학과 러시아 역사를 알 때 러시아를 더 잘 이해할 수 있다고 생각해. 난 러시아 소설을 읽는 것을 좋아해.

텔레비전으로 러시아 뉴스를 알아듣는 것은 쉽지 않지만 지금은 전보다 더 잘 알아들어. 최근 러시아 영화는 매우 재미있어 자주 보지. 내 룸메이트 제인은 미국인인데 매우 호감이 가는 성격에다 아주 예뻐. 그녀는 한국 음식을 좋아해서 우리는 종종 같이 한국 식당에 간단다. 그애는 김치와 불고기를 매우 좋아해.

나의 전형적인 하루 일과는 다음과 같아.

아침 6시에 일어나 샤워하고 아침을 먹어. 그러고 나서 학교에 간단다. 오전에 수업을 듣고 12시에 학교 식당에서 점심을 먹고 도서관으로 가. 1시간 공부하고 다시 오후에 수업을 들은 후 조금 휴식을 취하지. 그러고 나서 랩실에 가 러시아어 녹음을 듣고 6시에 기숙사로 가. 저녁 먹고 음악을 듣거나 텔레비전을 봐. 그 다음에는 숙제하고 12시에 잠자리에 들어. 토요일에는 연극이나 발레를 보러 가거나 방을 청소한단다. 또한 가끔 박물관에 가거나 러시아 소설을 읽지. 일요일에는 공원에서(по пáрку) 산책하거나 테니스를 쳐. 난 모스크바가 아름다운 도시라고 생각해. 다음 주에 우리는 여름방학이야. 난 여름방학 때 페테르부르크에 가려고 한단다.

편지 기다릴게.

너의 민아

2015년 7월 20일

КУЛЬТУ́РА

러시아의 도시

모스크바(Москва́)는 현재 러시아의 수도입니다. 14세기경, 크고 작은 공국들의 통합을 통해 결집된 힘을 가진 모스크바 공국이 탄생하면서 함께 부상한 러시아 제1의 도시입니다. 러시아의 문화와 역사를 대표하고 현재에도 경제·문화·사회적으로 가장 대표적인 곳이지요. 이 도시에는 러시아의 부자들이 모여 있고 돈이 가장 많이 모이는 곳으로 러시아를 움직이는 도시라 하겠습니다. 근교에는 더 오래된 고도들이 자리잡고 있어 이들을 연결한 모양을 일컬어 '황금고리(Золото́е кольцо́)'라 부르는데 블라디미르(Влади́мир), 수즈달(Су́здаль), 야로슬라블(Яросла́вль), 로스토프(Росто́в) 등이 포함된답니다.

상트페테르부르크(Санкт-Петербу́рг)는 그 유명한 러시아 근대화의 주역인 표트르 대제에 의해 만들어진 당시의 수도로 모스크바보다 늦게 출발한 러시아 제2의 도시입니다. 북방의 베니스라 불릴 정도로 아름다운 풍광과 건축미를 자랑하는 상트페테르부르크는 관광지로도 잘 알려져 있지요.

상트페테르부르크 이삭성당

러시아 영화와 감독

러시아 영화의 아버지는 Сергéй Эйзенштéйн(1898-1948)이라 하겠습니다. 그의 저명한 영화인 《Броненóсец Потёмкин》(1925), 《Ивáн Грóзный》(1944, 1946), 《Алексáндр Нéвский》(1938) 가운데 하나를 감상하면서 왜 그가 세계영화사에 빛나는 감독으로 인정되는지 이야기해 봅시다. 세계적 업적을 남긴 또 다른 러시아 영화감독은 Андрéй Таркóвский(1932-1986)입니다. 그의 역작 《Андрéй Рублёв》(1969), 《Солярис》(1972) 등을 감상해 봅시다. 러시아 역사와 문화, 정신이 살아 있는 고전적 영화를 감상하는 것은 러시아 민족의 영혼(душá)을 이해하는 방법 가운데 하나입니다. 러시아 영화는 대부분 Мосфи́льм 스튜디오에서 제작됩니다.

《Броненóсец Потёмкин》(1925)

НО́ВЫЕ СЛОВА́

단어	품사	의미
обнима́ть / обня́ть	동사	안다, 포옹하다
проходи́ть / пройти́	동사	지나가다
чу́вствовать / почу́вствовать	동사	느끼다
во́здух	명사	공기
возмо́жность	명사(여성)	가능성
иностра́нец / иностра́нка	명사	외국인(남 / 여)
иро́ния	명사	아이러니
но́вость	명사(여성)	뉴스
отве́т	명사	대답
па́ра	명사	한 쌍, 수업 단위(교시)
приро́да	명사	자연
режиссёр	명사	영화감독
страна́	명사	국가
судьба́	명사	운명
везде́	부사	어느 곳이든
гора́здо	부사	훨씬(비교급 앞)
ме́дленно	부사	천천히
напряжённый	형용사	긴장된, 집중된, 바쁜
однообра́зный	형용사	단조로운
све́жий	형용사	신선한
тяжёлый	형용사	무거운, 어려운
в то же вре́мя	표현	바로 그때, 동시에

부록

ПРИЛОЖЕ́НИЕ

ПРИЛОЖЕ́НИЕ

생격 복수, 활성명사 대격 복수, 여격 단/복수, 조격 단/복수는 이 책의 초급 과정에서는 다루지 않았습니다.

• 남성 단수 명사

격	어미	경자음어간	연자음어간		연자음 어간: -ий
주격 КТО/ЧТО	-#	авто́бус	календа́рь	музе́й	ге́ний
대격 КОГО́/ЧТО	비활성명사: 대격 = 주격 활성명사: 대격 = 생격	авто́бус	календа́рь	музе́й	ге́ния
생격 КОГО́/ЧЕГО́	-а/-я	авто́буса	календаря́	музе́я	ге́ния
전치격 О КОМ/О ЧЁМ	-е/-и	авто́бусе	календаре́	музе́е	ге́нии
여격 КОМУ́/ЧЕМУ́	-у/-ю	авто́бусу	календарю́	музе́ю	ге́нию
조격 КЕМ/ЧЕМ	-ом/-ем (-ём)	авто́бусом	календарём	музе́ем	ге́нием

• 남성 복수 명사

격	어미	경자음어간	연자음어간		연자음어간: -ий
주격 КТО/ЧТО	-#	авто́бусы	календари́	музе́и	ге́нии
대격 КОГО́/ЧТО	비활성명사: 대격 = 주격 활성명사: 대격 = 생격	авто́бусы	календари́	музе́и	ге́ниев

격	어미	경자음어간	연자음어간		연자음어간: -ий
생격 КОГО́/ЧЕГО́	-ов/-ев, -ей	автóбусов	календарéй	музéев	гéниев
전치격 О КОМ/О ЧЁМ	-ах/-ях	автóбусах	календаря́х	музéях	гéниях
여격 КОМУ́/ЧЕМУ́	-ам/-ям	автóбусам	календаря́м	музéям	гéниям
조격 КЕМ/ЧЕМ	-ами/-ями	автóбусами	календаря́ми	музéями	гéниями

• 여성 단수 명사

격	어미	경자음어간	연자음어간	연음부호(-ь) 연자음어간 여성명사	연자음어간: -ия
주격 КТО/ЧТО	-а/-я, -ь	газéта	недéля	крова́ть	акадéмия
대격 КОГО́/ЧТО	-у/-ю, -ь	газéту	недéлю	крова́ть	акадéмию
생격 КОГО́/ЧЕГО́	-ы/-и	газéты	недéли	крова́ти	акадéмии
전치격 О КОМ/О ЧЁМ	-е, -и	газéте	недéле	крова́ти	акадéмии
여격 КОМУ́/ЧЕМУ́	-е, -и	газéте	недéле	крова́ти	акадéмии
조격 КЕМ/ЧЕМ	-ой/-ей, -ью	газéтой	недéлей	крова́тью	акадéмией

• 여성 복수 명사

격	어미	경자음어간	연자음어간	연음부호(-ь) 연자음어간 여성명사	연자음어간: -ия
주격 КТО / ЧТО	-ы / -и	газéты	недéли	кровáти	академии
대격 КОГÓ / ЧТО	비활성명사: 대격 = 주격 활성명사: 대격 = 생격	газéты	недéли	кровáти	академии
생격 КОГÓ / ЧЕГÓ	-#	газéт	недéль	кровáтей	академий
전치격 О КОМ / О ЧЁМ	-ах / -ях	газéтах	недéлях	кровáтях	академиях
여격 КОМÝ / ЧЕМÝ	-ам / -ям	газéтам	недéлям	кровáтям	академиям
조격 КЕМ / ЧЕМ	-ами / -ями	газéтами	недéлями	кровáтями	академиями

• 중성 단수 명사

격	어미	경자음어간	연자음어간	
주격 КТО / ЧТО	-о / -е	слóво	сочинéние	воскресéнье
대격 КОГÓ / ЧТО	-о / -е	слóво	сочинéние	воскресéнье
생격 КОГÓ / ЧЕГÓ	-а / -я	слóва	сочинéния	воскресéнья
전치격 О КОМ / О ЧЁМ	-е, -и	слóве	сочинéнии	воскресéнье
여격 КОМÝ / ЧЕМÝ	-у / -ю	слóву	сочинéнию	воскресéнью
조격 КЕМ / ЧЕМ	-ом / -ем	слóвом	сочинéнием	воскресéньем

• 중성 복수 명사

격	어미	경자음어간	연자음어간	
주격 КТО / ЧТО	-а / -я	слова́	сочине́ния	воскресе́нья
대격 КОГО́ / ЧТО	-а / -я	слова́	сочине́ния	воскресе́нья
생격 КОГО́ / ЧЕГО́	-#	слов	сочине́ний	воскресе́ний
전치격 О КОМ / О ЧЁМ	-ах / -ях	слова́х	сочине́ниях	воскресе́ньях
여격 КОМУ́ / ЧЕМУ́	-ам / -ям	слова́м	сочине́ниям	воскресе́ньям
조격 КЕМ / ЧЕМ	-ами / -ями	слова́ми	сочине́ниями	воскресе́ньями

• 중성 명사(-мя)

격	단수 어미	и́мя	복수 어미	имена́
주격 КТО / ЧТО	-мя	и́мя	-мена	имена́
대격 КОГО́ / ЧТО	-мя	и́мя	-мена	имена́
생격 КОГО́ / ЧЕГО́	-мени	и́мени	-#	имён
전치격 О КОМ / О ЧЁМ	-мени	и́мени	-менах	имена́х
여격 КОМУ́ / ЧЕМУ́	-мени	и́мени	-менам	имена́м
조격 КЕМ / ЧЕМ	-менем	и́менем	-менами	имена́ми

• 연음부호 여성 명사(-ь)

격	단수 어미	крова́ть	복수 어미	крова́ти
주격 КТО / ЧТО	-ь	крова́ть	-и	крова́ти
대격 КОГО́ / ЧТО	-ь	крова́ть	비활성명사: 대격 = 주격 활성명사: 대격 = 생격	крова́ти
생격 КОГО́ / ЧЕГО́	-и	крова́ти	-#	крова́тей
전치격 О КОМ / О ЧЁМ	-и	крова́ти	-ях	крова́тях
여격 КОМУ́ / ЧЕМУ́	-и	крова́ти	-ям	крова́тям
조격 КЕМ / ЧЕМ	-ью	крова́тью	-ями	крова́тями

• 남성 단수 형용사

격	어미	경자음어간 (비강세어미)	연자음어간 (강세어미)	연자음어간
주격	-ый (-ой) / -ий	но́вый (хоро́ший)	молодо́й	после́дний
대격 (남성 복수 비활성: = 주격 활성: = 생격)	-ый (-ой) / -ий -ого / -его	но́вый (хоро́ший) / но́вого (хоро́шего)	молодо́й / молодо́го	после́дний / после́днего
생격	-ого / -его	но́вого (хоро́шего)	молодо́го	после́днего
전치격	-ом / -ем	но́вом (хоро́шем)	молодо́м	после́днем
여격	-ому / -ему	но́вому (хоро́шему)	молодо́му	после́днему
조격	-ым / -им	но́вым (хоро́шим)	молоды́м	после́дним

• 여성 단수 형용사

격	어미	경자음어간	연자음어간
주격	-ая/-яя	нóвая (хорóшая)	послéдняя
대격	-ую/-юю	нóвую (хорóшую)	послéднюю
생격	-ой/-ей	нóвой (хорóшей)	послéдней
전치격	-ой/-ей	нóвой (хорóшей)	послéдней
여격	-ой/-ей	нóвой (хорóшей)	послéдней
조격	-ой/-ей	нóвой (хорóшей)	послéдней

• 중성 단수 형용사

격	어미	경자음어간	연자음어간
주격	-ое/-ее	нóвое (хорóшее)	послéднее
대격	-ое/-ее	нóвое (хорóшее)	послéднее
생격	-ого/-его	нóвого (хорóшего)	послéднего
전치격	-ом/-ем	нóвом (хорóшем)	послéднем
여격	-ому/-ему	нóвому (хорóшему)	послéднему
조격	-ым/-им	нóвым (хорóшим)	послéдним

• 복수 형용사(남성, 여성, 중성)

격	어미	경자음어간	연자음어간
주격	-ые/-ие	нóвые (хорóшие)	послéдние
대격 (남성 복수 비활성: = 주격 활성: = 생격)	-ые/-ие; -ых/-их	нóвые (хорóшие)/ нóвых (хорóших)	послéдние/ послéдних
생격	-ых/-их	нóвых (хорóших)	послéдних
전치격	-ых/-их	нóвых (хорóших)	послéдних
여격	-ым/-им	нóвым (хорóшим)	послéдним
조격	-ыми/-ими	нóвыми (хорóшими)	послéдними

• 소유·지시형용사류

격	남성, 중성	여성	복수
주격	мой, моё	моя́	мои́
대격 (비활성: = 주격/ 활성: = 생격)	мой, моё / моего́	мою́	мои́ / мои́х
생격	моего́	мое́й	мои́х
전치격	моём	мое́й	мои́х
여격	моему́	мое́й	мои́м
조격	мои́м	мое́й	мои́ми

격	남성, 중성	여성	복수
주격	твой, твоё	твоя́	твои́
대격 (비활성: = 주격/ 활성: = 생격)	твой, твоё / твоего́	твою́	твои́ / твои́х
생격	твоего́	твое́й	твои́х
전치격	твоём	твое́й	твои́х
여격	твоему́	твое́й	твои́м
조격	твои́м	твое́й	твои́ми

격	남성, 중성	여성	복수
주격	наш, на́ше	на́ша	на́ши
대격 (비활성: = 주격/ 활성: = 생격)	наш, на́ше / на́шего	на́шу	на́ши / на́ших
생격	на́шего	на́шей	на́ших
전치격	на́шем	на́шей	на́ших
여격	на́шему	на́шей	на́шим
조격	на́шим	на́шей	на́шими

격	남성, 중성	여성	복수
주격	ваш, ва́ше	ва́ша	ва́ши
대격 (비활성: = 주격/ 활성: = 생격)	ваш, ва́ше / ва́шего	ва́шу	ва́ши / ва́ших

격	남성, 중성	여성	복수
생격	ва́шего	ва́шей	ва́ших
전치격	ва́шем	ва́шей	ва́ших
여격	ва́шему	ва́шей	ва́шим
조격	ва́шим	ва́шей	ва́шими

격	남성, 중성	여성	복수
주격	чей, чьё	чья	чьи
대격 (비활성: = 주격/ 활성: = 생격)	чей, чьё / чьего́	чью	чьи / чьих
생격	чьего́	чьей	чьих
전치격	чьём	чьей	чьих
여격	чьему́	чьей	чьим
조격	чьим	чьей	чьи́ми

격	남성, 중성	여성	복수
주격	э́тот, э́то	э́та	э́ти
대격 (비활성: = 주격/ 활성: = 생격)	э́тот, э́то / э́того	э́ту	э́ти / э́тих
생격	э́того	э́той	э́тих
전치격	э́том	э́той	э́тих
여격	э́тому	э́той	э́тим
조격	э́тим	э́той	э́тими

격	남성, 중성	여성	복수
주격	весь, всё	вся	все
대격 (비활성: = 주격/ 활성: = 생격)	весь, всё / всего́	всю	все / всех
생격	всего́	всей	всех
전치격	всём	всей	всех
여격	всему́	всей	всем
조격	всем	всей	все́ми

격	남성, 중성	여성	복수
주격	оди́н, одно́	одна́	одни́
대격 (비활성: = 주격/ 활성: = 생격)	оди́н, одно́/ одного́	одну́	одни́/ одни́х
생격	одного́	одно́й	одни́х
전치격	одно́м	одно́й	одни́х
여격	одному́	одно́й	одни́м
조격	одни́м	одно́й	одни́ми

격	남성, 중성	여성	복수
주격	тре́тий, тре́тье	тре́тья	тре́тьи
대격 (비활성: = 주격/ 활성: = 생격)	тре́тий, тре́тье/ тре́тьего	тре́тью	тре́тьи/ тре́тьих
생격	тре́тьего	тре́тьей	тре́тьих
전치격	тре́тьем	тре́тьей	тре́тьих
여격	тре́тьему	тре́тьей	тре́тьим
조격	тре́тьим	тре́тьей	тре́тьими

• 인칭대명사

주격	кто	что	я	ты	мы	вы	он, оно́	она́	они́
대격	кого́	что	меня́	тебя́	нас	вас	(н)его́	(н)её	(н)их
생격	кого́	чего́	меня́	тебя́	нас	вас	(н)его́	(н)её	(н)их
전치격	ком	чём	мне	тебе́	нас	вас	нём	ней	них
여격	кому́	чему́	мне	тебе́	нам	вам	(н)ему́	(н)ей	(н)им
조격	кем	чем	мной	тобо́й	на́ми	ва́ми	(н)им	(н)ей	(н)и́ми

• 동사변화

	제1식 동사활용어미 (-ешь/-ёшь)		제2식 동사활용어미 (-ишь)
	모음 어간	자음 어간	모든 어간
я	-ю	-у	-ю (-у)
ты	-ешь/-ёшь		-ишь
он, она́, оно́	-ет/-ёт		-ит
мы	-ем/-ём		-им
вы	-ете/-ёте		-ите
они́	-ют	-ут	-ят (-ат)

제1식 동사활용				제2식 동사활용	
어간 강세, 이동강세		어미 강세		모든 강세 유형	
모음 어간	자음 어간	모음 어간	자음 어간	모음 어간	자음 어간
де́лать (дела-)	писа́ть (пиш-)	дава́ть (да-)	идти́ (ид-)	говори́ть (говор-)	слы́шать (слыш-)
де́ла – ю де́ла – ешь де́ла – ет де́ла – ем де́ла – ете де́ла – ют	пиш – у́ пи́ш – ешь пи́ш – ет пи́ш – ем пи́ш – ете пи́ш – ут	да – ю́ да – ёшь да – ёт да – ём да – ёте да – ю́т	ид – у́ ид – ёшь ид – ёт ид – ём ид – ёте ид – у́т	говор – ю́ говор – и́шь говор – и́т говор – и́м говор – и́те говор – я́т	слы́ш – у слы́ш – ишь слы́ш – ит слы́ш – им слы́ш – ите слы́ш – ат

• 1식 동사

брать / взять	가져가다, 취하다
бывáть / побывáть	머무르다, 들르다
быть	이다, 있다
вставáть / встáть	일어나다, 기상하다
встречáть(불완)	만나다(완: встрéтить)
гуля́ть / погуля́ть	산책하다
дéлать / сдéлать	하다
доéхать(완)	(차를 타고) 당도하다
дýмать / подýмать	생각하다
éхать / поéхать	(차를 타고) 가다
ждать / подождáть	기다리다
желáть(불완)	바라다, 희망하다
жить(불완)	살다
зáвтракать / позáвтракать	아침식사하다
загорáть(불완)	일광욕하다, 햇볕에 타다(완: загорéть)
задéрживать(불완)	지체시키다(완: задержáть)
зайти́(완)	들르다(불완: заходи́ть)
закáзывать / заказáть	주문하다
закáнчивать(불완)	끝내다(완: закóнчить)
занимáться(불완)	자습하다
знать / узнáть	알다
игрáть / сыгрáть	놀다, 경기하다, 연주하다
идти́ / пойти́	(걸어서) 가다
изучáть(불완)	배우다
имéть(불완)	가지다
интересовáть / заинтересовáть	흥미를 느끼게 하다
летáть(불완)	날다
лечь(완)	눕다(불완: ложи́ться)
мочь / смочь	-할 수 있다
мыть / помы́ть	씻다

награждáть(불완)	상주다(완: наградúть)
обéдать / пообéдать	점심먹다, 만찬하다
опáздывать / опоздáть	늦다
отдыхáть / отдохнýть	쉬다
перевестú(완)	번역하다, 통역하다(불완: переводúть)
передавáть / передáть	전해주다
писáть / написáть	쓰다
повторя́ть(불완)	반복하다(완: повторúть)
подойтú(완)	다가오다, 접근하다(불완: подходúть)
покупáть(불완)	사다(완: купúть)
получáть(불완)	받다(완: получúть)
понимáть / поня́ть	이해하다, 알아듣다
попадáть / попáсть	명중하다, 우연히 만나다, 어떤 상태에 이르다
поступáть(불완)	입학하다(완: поступúть)
преподавáть(불완)	가르치다
приглашáть(불완)	초대하다(완: пригласúть)
прийтú(완)	오다, 도착하다(불완: приходúть)
принимáть / приня́ть	접수하다, 맞이하다
пройтú(완)	지나가다(불완: проходúть)
рабóтать(불완)	일하다
расскáзывать / рассказáть	이야기하다
решáть(불완)	결심하다, 해결하다(완: решúть)
сказáть(완)	말하다(불완: говорúть)
собирáть / собрáть	모으다
спрáшивать(불완)	묻다, 질문하다(완: спросúть)
стирáть / вы́стирать	세탁하다
считáть(불완)	셈하다, -라고 여기다
убирáть / убрáть	치우다
ýжинать / поýжинать	저녁먹다
уставáть / устáть	피로하다
читáть / прочитáть	읽다
чýвствовать / почýвствовать	느끼다

• 2식 동사

бежа́ть(불완)	달리다
ви́деть / уви́деть	보다, 보이다
встре́тить(완)	만나다(불완: встреча́ть)
говори́ть(불완)	말하다(완: сказа́ть)
гото́вить(불완)	요리하다, 준비하다
е́здить(불완)	(차를 타고) 가다
загоре́ть(완)	일광욕하다, 햇볕에 타다(불완: загора́ть)
задержа́ть(완)	지체시키다(불완: заде́рживать)
зако́нчить(완)	끝내다(불완: зака́нчивать)
заходи́ть(불완)	들르다(완: зайти́)
звони́ть / позвони́ть	전화하다
купи́ть(완)	사다(불완: покупа́ть)
кури́ть(불완)	담배 피우다
люби́ть(불완)	사랑하다
награди́ть(완)	상(賞) 주다(불완: награжда́ть)
переводи́ть(불완)	번역하다, 통역하다(완: перевести́)
повтори́ть(완)	반복하다(불완: повторя́ть)
поговори́ть(완)	잠시 이야기하다
подходи́ть(불완)	다가오다, 접근하다(완: подойти́)
получи́ть(완)	받다(불완: получа́ть)
поступи́ть(완)	입학하다(불완: поступа́ть)
пригласи́ть(완)	초대하다(불완: приглаша́ть)
приходи́ть(불완)	오다, 도착하다(완: прийти́)
проси́ть / попроси́ть	요청하다
проходи́ть(불완)	지나가다(완: пройти́)
реши́ть(완)	결심하다, 해결하다(불완: реша́ть)
сиде́ть / посиде́ть	앉아 있다
слы́шать(불완)	듣다, 들리다
смотре́ть / посмотре́ть	보다, 관람하다
спать(불완)	자다
спроси́ть(완)	묻다, 질문하다(불완: спра́шивать)
ходи́ть(불완)	(걸어서) 다니다

• 1식 재귀동사(-ся)

возвраща́ться / верну́ться	돌아가다
встреча́ться(불완)	서로 만나다(완: встре́титься)
зака́нчиваться(불완)	끝나다, 종료하다(완: зако́нчиться)
купа́ться / вы́купаться	목욕하다, 해수욕하다
начина́ться / нача́ться	시작하다
одева́ться / оде́ться	옷을 입다
остава́ться / оста́ться	남다, 머물다
ошиба́ться(불완)	실수하다, 잘못하다(완: ошиби́ться)
раздева́ться / разде́ться	옷을 벗다
собира́ться / собра́ться	-하려고 하다
умыва́ться / умы́ться	씻다

• 2식 재귀동사(-ся)

влюби́ться(완)	사랑하게 되다(в+대격)
встре́титься	서로 만나다(불완: встреча́ться)
договори́ться(완)	약속하다, 합의하다
зако́нчиться(완)	끝나다, 종료하다(불완: зака́нчиваться)
ложи́ться(불완)	눕다(완: лечь)
находи́ться(불완)	위치해 있다
ошиби́ться(완)	실수하다, 잘못하다(불완: ошиба́ться)
пожени́ться(완)	혼인하다(복수주어)
познако́миться(완)	서로 소개하다, 알게 되다
роди́ться(완)	태어나다
учи́ться(불완)	학교에 다니다

• 혼합형(단수 1식/복수 2식)

хоте́ть(불완)	원하다

찾아보기

Г

Д

Е

Ж

З

И

К

Л

О

П

Р

С

Т

У

Ф